Das Buch

Männer wollen immer nur das eine. Stimmt. Aber wollen sie es deshalb immer nur auf dieselbe eintönige Art? *Straight men dont't talk,* behaupten Dan Anderson und Maggie Berman. Doch Männer sind begeistert, wenn die Partnerin ihre geheimsten Wünsche trotzdem kennt. Und von ihrem Wissen ausgiebig Gebrauch macht.
Frech, frivol und vor allem praktisch nähern sich ein schwuler Mann und seine beste Freundin dem Objekt der Begierde. Amüsante Streifzüge durch den vorbereitenden »Großputz«, fachkundige Schlenker in Richtung »Ballspiel« und hilfreiche Erläuterungen zur »Psychologie des Penis« verraten: Hier weiß jemand, wovon er redet . . .

Die Autoren

Dan Anderson lebt als Schriftsteller in Los Angeles, Maggie Berman unterrichtet Creative Writing an einem College in New York. *Was Männer wirklich antörnt* hat nicht nur in den USA und Großbritannien, sondern auch in Australien, den Niederlanden und Japan Furore gemacht.

Dan Anderson/Maggie Berman

Ein Schwuler verrät
seiner besten Freundin

Was Männer wirklich antörnt

Aus dem Amerikanischen
von Hans Kantereit

Ullstein

Besuchen Sie uns im Internet:
www.ullstein-taschenbuch.de

Umwelthinweis:
Dieses Buch wurde auf chlor- und säurefreiem Papier gedruckt.

Ungekürzte Ausgabe im Ullstein Taschenbuch
1. Auflage Februar 2006

Titel der amerikanischen Originalausgabe:
Sex Tips for Straight Women From a Gay Man
(St. Martin's Press, New York)
Umschlaggestaltung: Büro Hamburg
Titelabbildung: © Ruben Scott/mauritius images
Satz: Fuldaer Verlagsagentur, Fulda
Druck und Bindearbeiten: Ebner & Spiegel, Ulm
Printed in Germany
ISBN-13: 978-3-548-36814-6
ISBN-10: 3-548-36814-X

Inhalt

Vorwort 9

Einführung 13
– Zeigst du mir deine Blinddarmnarbe?
– Greifen Sie zu…

1. *Unbedingt tun – Unbedingt lassen* 21
   – Der Großputz
   – Pretiosen, Klunker & Co.
   – Die Nagelprobe
   – Duften, nicht stinken!
   – Was soll ich bloß ausziehen?
   – Wie steht's mit den Haaren?
   – Verbale Liebestöter
   – Was zu knabbern?

2. *Das »Profi«-Schlafzimmer* 29
   – Die Bühne wird bereitet
   – Ab in die Kiste
   – Bettgeflüster
   – Das ganze Drumherum

3. *Die kleine Penisfibel* 36
   – »Wie steht's denn so?«
   – Auf die Größe kommt's nicht an
   – Solche und solche
   – Das kleine ABC des Ständers
   – Die Erregung
   – Er steht
   – Er kommt
   – Die Launen der Natur
   – Wie heißt er denn?

4. *Primi Piatti* 45
– Küßchen, Küßchen
– Eine kleine Nippelkunde
– Vom Walken und Kneten
– Echt lecker!
– Nerz? Entscheiden Sie!
– Ein kleines Nachwort zum Thema Vorspiel

5. *Eine kleine Handarbeitsstunde* 53
– Wir fassen zu
– Der Erste Ausgang
– Sanftes Gleiten
– Handwerk hat goldenen Boden
– Vom richtigen Schütteln der Palme
– Nebeneinander
– Mann kniet über Frau
– Zwischen seinen Schenkeln
– Variationen über ein Thema
– Ein paar Gedanken über den Weitwurf

6. *Können Sie pfeifen? Dann können Sie auch …* 65
– Die Grundlagen des Oralverkehrs
– Fortgeschrittene Techniken
– Nebeneinander
– 69
– Der aufrechte Bürger
– Kleine Extras
– Die Pimmel-Peitsche
– Der Summer
– Der Kribbler
– Schlußbemerkung
– Eine Bemerkung zum Thema Runterschlucken

7. *Das Ballspiel* 77
– Die Eier an und für sich
– Und die Eier als solche

– Aggregatzustände
– Die Spieltechnik
– Epilog

8. *Der kleine Kondom-Kurs* 84
– Warum
– Wer
– Wann
– Wo
– Wie

9. *Der Nahkampf und seine Variationen* 89
– Auf die Plätze
– Der Spurt
– Der Staffellauf
– Der Marathon
– Wolken und Regen
– Drunter und Drüber
– Die schwebenden Schmetterlinge
– T for two
– Das große X
– Lang lebe der Oberschenkel
Mobilsein ist alles
»Läuten Sie bitte auch an der Hintertür!«
Kleiner Klaps gefällig?
– Dirty-Talking-Etikette

10. *Wir müssen leider draußen bleiben* 100
– Die Seifenoper
– Bauchreiben nach Princeton-Art
Der Hintermann
Die Perlenkette
– Die M&Ms
Auf die Mischung kommt es an
Ruf doch mal an …
Cybersex

11. *Frauen und Technik* 110
– Good vibrations
– Ein Ring für das Ding
– Schöner Leben mit TV

12. *Genug ist genug* 118
– Bis hierher und nicht weiter
– Vielleicht, vielleicht auch nicht
Ohne mich
Der Notausgang
Von der Frustration
Teufel Alkohol
Der Geduldsfaden
Ja, was nun?
Tote Hose

13. *Wie Sie kriegen, was Sie wollen* 127
– Wir machen uns fein
– Drunter und Drüber
– Wir reißen uns was auf
– Das Ziel ist anvisiert
– Der Geschäftsabschluß
– Durch die Blume
– Angenehme Unterhaltung

14. 137
Lieber Dan…

Vorwort

Über das Thema Sex haben Sie sich wahrscheinlich schon Gedanken gemacht, lange bevor Ihre Eltern auf die Idee kamen, Sie offiziell aufzuklären. Wenn Sie ein Junge waren, haben Sie recht bald herausgefunden, daß Ihre Ausrüstung für jede Menge unterhaltsamer Spiele taugt. Wenn Sie ein Mädchen waren, lag das Spaßpotential Ihrer Anatomie vielleicht etwas weniger deutlich auf der Hand. Ob Sie nun ein Zimmer mit Ihrem Bruder teilen mußten, oder ob Ihre Eltern Sie gelegentlich an den FKK-Strand mitnahmen – eins war Ihnen klar: Jungs haben was, was Sie *nicht* haben. Und das ist alles andere als uninteressant. Wir könnten an dieser Stelle Sigmund Freud bemühen, aber die beherzte Antwort eines Vaters, dessen Tochter ins Badezimmer geplatzt ist, während er unter der Dusche stand, tut es auch:

– Daddy, ich will auch so einen!

– Emily, wenn du so einen hast, kannst Du jederzeit so einer werden! sagte der Vater und zeigte dabei auf sein Hinterteil.

So viel zum Thema Penisneid. Wenn Sie ein Mädchen waren, wurde Ihnen das Prinzip des Geschlechtsaktes höchstwahrscheinlich von Ihren Eltern erklärt, Sie bekamen eines dieser ach so vorsichtig formulierten Bücher zu lesen, oder Sie haben es einfach durch Zufall in Grzimeks »Die Wüste lebt« gesehen. Das Nilpferdweibchen tat dabei so, als sei ihr die ganze Sache eigentlich egal. Ob *Er* vielleicht gerade dachte: »Junge, Junge, das ist mit Abstand die heißeste Nilpferdmama, die mir diesseits des Sambesi untergekommen ist!«, schien sie nicht zu interessieren.

Es liegt uns fern, die Freuden der Tierwelt geringzuschätzen, aber wir Menschen haben nun mal das Glück, zusätzlich mit einem Bewußtsein ausgestattet zu sein; für uns ist Sex eine gleichermaßen körperliche wie emotionale Angelegenheit. Und es liegt in der Natur des Menschen, daß er die Sache möglichst früh und gründlich anpacken will. Womit Mädchen schon wieder vor dem klassischen Dilemma stehen: Gewiß reicht das Werkzeug, das sie bei sich tragen, um zur Not auch allein ans Ziel zu kommen. Aber da sie das andere Werkzeug, mit dem alles viel besser geht, nicht rund um die Uhr zur Hand haben, sind sie darauf angewiesen, es sich im Bedarfsfall irgendwo zu leihen. Und Übung macht auch hier die Meisterin.

Was also macht *Sie*, wenn sie sich sexuell fortbilden will? Anfangs sind natürlich Freundinnen die erste Adresse für Gespräche übers Untenrum. Daran hat sich bis heute nichts geändert. Wir haben unsere Ohren nicht überall, gehen aber mal davon aus, daß die discofähigen Mädels, die montags in der ersten Pause auf dem Schulhof zusammenstehen und mit hochroten Köpfen tuscheln und kichern, sich in aller Regel nicht übers Quadratwurzelziehen oder über gleichschenkelige Dreiecke unterhalten. Diese Kicherrunden sind zum Erfahrungsaustausch wunderbar geeignet, aber keine Freundin der Welt kann Ihnen sagen, was im Kopf (oder jedem anderen Körperteil) des Mannes wirklich vorgeht. Wenn Sie älter werden, tritt irgendwann ein Freund oder Ehemann auf, der Sie gelegentlich mit einem »Das war aber toll!« lobt. Derartigen Wischi-Waschi-Expertisen können Sie allerdings nicht entnehmen, *was* von dem, was Sie gerade getan haben, *warum* so toll war. Sicherlich wissen Männer wie Frauen, daß es nicht die feine Art ist, im Schlafzimmer auf den Ungeschicklichkeiten des jeweils anderen herumzureiten. Aber jede Frau, die mal einen Mann gefragt hat: *Magst du es eigentlich so wie ich es mache, oder soll ich es lieber anders machen?,* hat vermutlich zu hören bekommen: *Ich mag alles, was du machst!* Diese Antwort dürfte die Regel und nicht die Ausnahme sein. Männer neigen in dieser Hinsicht leider dazu, ihre angeborene Feigheit mit übertriebener Diplomatie zu tarnen. Egal, ob Freund, Liebhaber oder Ehemann: Sie können sich nicht darauf verlassen, daß die eingeforderte Manöverkritik wirklich von Herzen kommt. Um es kurz zu machen: Aus einem Mann kriegen Sie nichts raus, was Sie irgendwie weiterbringt. Wenn Sie etwas wirklich Neues über Sex rauskriegen wollen, müssen Sie jemand anderen fragen: einen Mann. Dieser Mann muß nicht nur seine eigenen Vorlieben kennen, sondern auch die zahlreicher Geschlechtsgenossen.

Und wer wäre für diese Rolle besser geeignet als ein grundehrlicher, erfahrener und weltoffener Homosexueller? Er weiß Dinge, von denen die meisten Heteromänner keine Ahnung haben.

Dieses praktische kleine Buch ist keine Gebrauchsanweisung, kein Fachbuch, und es beschäftigt sich nur am Rande mit der Frage, *wie* Sie einen Kerl abschleppen. Es bietet Ihnen vielmehr jede Menge von Experten geprüfte Insidertips. Selbstverständlich können wir nicht garantieren, daß Sie nach der Lektüre automatisch zur gefragtesten Frau diesseits von Bangkok werden. Diese Tips sind vielmehr ein guter Trainer bei der Sportart Ihres Vertrauens. Das Buch bietet Ihnen die Chance, das, was Sie vielleicht sowieso schon tun, in Zukunft um so perfekter zu treiben. Wie immer, wenn man mit einer neuen Sportart beginnt, empfehlen wir einen vorsorglichen Gesundheitscheck bei Ihrem Hausarzt. Danach können Sie absolut sorglos tun, was Ihnen gefällt, was Ihrem Partner gefällt oder was einem von Ihnen gerade einfällt.

Ob Sie nun Anfängerin sind oder eine erfahrene Expertin nach der dritten Scheidung, Sie werden die schönste Nebensache der Welt mit neuen Augen sehen. Egal, ob Sie es mit Ihrem Freund, Ihrem Mann oder dem Jungen vom Pizza-Dienst treiben – nach der Lektüre dieses Buches werden Sie Höchstgenuß erleben und auslösen. Und wenn Sie das Gefühl haben, Sie könnten nichts mehr dazulernen, dann wissen Sie ja bereits, wieviel Spaß das Üben macht. Also los.

Einführung

Die Idee zu diesem Buch entstand bei einer ganzen Reihe von Gesprächen. Wir, Danny und Maggie, sind seit vielen Jahren das, was man *beste Freunde* nennt. Zu Anfang trafen wir uns in der Lieblingskneipe um die Ecke und schütteten einander, bei allerlei Cocktails mit viel Wodka drin, das Herz aus. Wir sprachen über die Arbeit, über den neuesten Haarschnitt, über Klamotten; aber nach dem dritten Cocktail landeten wir regelmäßig beim Thema Männer – wie man sie findet und wie man sie (an sich) bindet. Falls man das will. Wenn einer von uns ein echtes Rendezvous hatte, sprachen wir danach über den Mann und was man zusammen unternommen hatte, aber nie wirklich über Sex. Die Frage »Na, wie war's?« brauchten beide nie zu stellen, denn derjenige, der das Date hatte, rief den anderen noch um drei Uhr morgens an, um ihm ungefragt und brühwarm alles zu erzählen. Kurzum: wir sind zwei ganz normale *beste Freunde*. Nur daß ich, Danny, ein schwuler Mann bin und Maggie eine heterosexuelle Frau ist.

Als Maggie anfing mit einem Mann auszugehen, der sich leuchtendgelbe Versace-Jacketts kaufte, aber zu hasenfüßig war, sie auch zu tragen, und außerdem ein zwölfteiliges Silberbesteck im Schrank hatte, kam uns der Verdacht, er sei vielleicht schwul. Zum ersten Mal redeten wir bei unserem Cocktail-Jour-fixe explizit über Sex. Nicht, daß der Kerl sie immer umgedreht und sich ausschließlich ihrem Hintern gewidmet hätte; so offensichtlich war es nicht. Was mag er denn so?, fragte Danny. Was hat er gemacht? Was hast du gemacht? Was immer es gewesen sein mag, irgend etwas stimmte nicht. Maggie konnte nicht sagen: *Das ist es!* Sie wurde ganz unsicher, denn wenn dieser Kerl wirklich schwul war, hätte sie – glaubte sie zumindest – keine Chance, ihn jemals im Bett so richtig froh zu kriegen. Maggie meinte, am schwulen Sex müsse irgendwas Besonderes sein; sonst würden ja nicht so viele Kerle darauf stehen. Nicht, daß ihr Freund nicht hart daran gearbeitet hätte – er wurde ganz einfach nicht hart. Es war, als würde man versuchen, einen Marshmallow in ein Schlüsselloch zu stopfen. Und Maggie wußte: selbst wenn sie ihm mit 5 pinkfarbenen Miedern, eßbarer Unterwäsche und Massageöl mit Erdbeergeschmack käme – es würde nichts nützen. Außerdem war das nicht ihr Stil. *Sag mir bitte, was ich tun soll!*, seufzte sie schließlich einigermaßen verzweifelt.

Obwohl die Beziehung weiter und weiter ging, schien der Sex einfach nicht funktionieren zu wollen. Die große Wende kam eines Abends, die Nacht davor muß besonders frustrierend gewesen sein, als Danny einfach mal fragte: *Was genau habt ihr getrieben?* Maggie stieg vom Hocker, begab sich in Position und führte den Akt pantomimisch vor, soweit ihr nagelneuer, märchenhafter Armani-Hosenanzug das zuließ. Aufgrund seiner jahrelangen Erfahrung in der schwulen Szene wußte Danny sofort, wo es hakte. Reizwäsche, Massageöl & Co. waren vielleicht gut für ein paar kurze, heiße Momente oder ein bißchen gemeinsames Gekicher. Danny aber wurde klar: Was Maggie brauchte, waren ein paar solide technische Informationen aus dem Mund eines Experten. Es war höchste Zeit für ein paar Insidertips.

Bei schönem Wetter trafen wir uns im Park und verbanden den Unterricht mit einem Picknick. So saßen wir nach Feierabend stundenlang auf unserer Lieblingswiese und unterhielten uns übers Ausgehen, übers Anziehen und über Pimmel.

Unsere Gespräche bekamen eine ganz neue Qualität, und ein nie gekannter Enthusiasmus beflügelte uns. Die Neugier unserer anderen Freundinnen wuchs und wuchs. Alle möglichen Frauen wollten plötzlich mit von der Partie sein. Die Bitten um eine Art Erster Hilfe und fachmännischen Rat am Telefon stiegen permanent, und bald waren es mehr, als wir bewältigen konnten. Obwohl Danny mit Eifer dabei war, Frauen aus nah und fern zu ihrem Glück zu verhelfen, wuchs ihm die Sache allmählich über den Kopf. Frauen, die er noch nie zuvor gesehen hatte, riefen ihn im Büro an und fragten, wie noch mal *Das Halsband* funktionierte. Und später riefen sie dann an und erzählten, ob's geklappt hat. *Teufel auch! Dieser Danny ist nicht mit Geld zu bezahlen!*, resümierte eine befriedigte Freundin.

Irgendwann fing der besagte Mann mit dem gelben Versace-Ding eine gesunde, dauerhafte Beziehung mit einer Schwuchtel namens Greg an. Maggie wandte weiterhin ihr neuerworbenes Wissen an und wurde außerordentlich beliebt. Schließlich ist es nicht der Akt an sich, der eine Vögelei zu einem unvergeßlichen Erlebnis macht. Sex ist wie ein gutes Gespräch: Reden kann jeder. Aber es gibt immer wieder Leute, die eine ganz unvergleichliche Art haben, mit Worten zu jonglieren. Es kommt nicht darauf an, *was* man sagt, sondern *wie* man es sagt. Und wem von uns täte ein bißchen Rhetorik-Unterricht nicht ab und zu ganz gut?

Wir erinnern uns gerne an eine Superbowl-Party, die aus zwei Ehepaaren und uns bestand. Während die Männer neues Bier besorgten, schlürften wir gemütlich Margheritas mit den Mädels. Die beiden Kerle waren noch nicht um die Ecke, da beklagte sich schon eine der Damen, wie sehr sich ihr Sexleben verändert habe, seit die Kinder da sind. Maggie antwortete mit einer Lobeshymne auf ihr eigenes Nachtleben, seit sie Dannies Tips befolgt. Dann hatte sie plötzlich eine anatomisch korrekte Taschenlampe in der Hand und führte an ihr exemplarisch und vorbildlich vor, wie man jemandem fachgerecht einen runterholt. Den beiden Mädels fielen fast die Augen aus dem Kopf. Bald hielten wir alle vier so eine Taschenlampe in der Hand und übten synchron im Takt von Peggy Lees »Fever«.

Wow! Mehr davon! Wir wollen noch mehr solches Zeug lernen, Danny!

Habt ihr schon mal versucht, an seinen Nippeln zu saugen?, fragte Danny. Die beiden Ehefrauen schauten sich mit leerem, fast schuldbewußten Blick an. Dann wandten sie sich zu Danny und stammelten: *Soll das heißen, daß auch Männer Gefühle in den Nippeln haben?!*

Was soll man da noch sagen?

In einem Punkt schienen sich die Frauen einig zu sein: Das erste Feuer, die aufregende Zeit, wo die Männer nicht müde werden, mit ihren sexuellen Fähigkeiten zu protzen, war lange vorbei. Frauen kriegen beigebracht, die aktive Rolle einfach dem Mann zu überlassen, und dagegen muß man ja nicht unbedingt sein. Aber wie wir alle wissen, ist die Fähigkeit, sich länger auf eine Sache zu konzentrieren, bei Männern und bei ihren Penissen leider begrenzt. Beide bedürfen der permanenten Betreuung und Beschäftigung. Sicher: auch Männern fällt mal spontan was Geniales, Neues ein. Aber für die meisten besteht guter Sex immer noch aus schmatzen, fummeln, schmatzen, noch mal schnell fummeln und *Rein damit. Für mich war's toll, Liebling. Hat es dir auch gefallen?* Die Vertrautheit des Nebeneinanderliegens mit ein paar Küßchen und Streicheleinheiten ist gut und schön; aber mal ein bißchen Abwechslung ins Spiel bringen, um die alte Flöte wieder munter zu bekommen, ist einfach tausendmal besser.

Das Einmaleins kennt jeder. Wenn Sie zu Anfang einer Beziehung unsere Ratschläge befolgen, kann das zu einem soliden Heiratsantrag führen. Wenn Sie verheiratet sind oder sonstwie in festen Verhältnissen leben und plötzlich anfangen, unsere Tipps anzuwenden, wird Ihr Partner vermuten, Sie hätten nebenbei noch irgendwo einen Trainer. Sagen Sie ihm, daß er recht hat. Nehmen Sie dieses Buch als Ihren ganz privaten Trainer. Es kostet Sie nur einen Bruchteil dessen, was ein Seitensprung kostet, und Sie müssen nicht einmal aus dem Haus gehen.

»Zeigst du mir deine Blinddarmnarbe?«

Wir beginnen absichtlich mit diesem relativ simplen Spruch, denn oft reicht schon eine derart harmlose Frage, um den Ball ins Rollen zu bringen. Wenn sich die Gelegenheit zum Sex bietet, brauchen Männer keine kryptischen, wortreichen Botschaften oder irgendwie ›witzig‹ gestaltete Einladungen. Andererseits wollen sie aber auch nicht plattgewalzt werden, wie in einer U-Bahn zur Hauptverkehrszeit. Die Wahrheit liegt irgendwo dazwischen. Die wenigsten Frauen können, zum Beispiel, dem

Vorschlag etwas abgewinnen, den Partner in Plastikfolie gewickelt an der Tür zu begrüßen. Abgesehen davon, daß man sich wie ein Idiot vorkommt, läuft man Gefahr, nach einer gewissen Zeit auszusehen wie das übriggebliebene Salami-Brötchen, das auf dem Tresen der Nachttankstelle vor sich hin schwitzt. Wenn Sie es allerdings zu subtil angehen und ihm, beispielsweise, in Ihrer eigenen Wohnung ein Feinschmeckermenü auf den Tisch zaubern, ist er danach einfach satt und kriegt ein schlechtes Gewissen bei der Vorstellung, Sie flachzulegen, nachdem Sie schon so lange in der Küche gestanden haben. Der Weg zum Herzen eines Mannes mag zwar durch den Magen gehen; aber Sie steuern schließlich Teile seiner Anatomie an, die etwas tiefer liegen! Schwule Männer sind übrigens wahre Meister in der Kunst, das Gegenüber mit einer möglichst simplen Anmache aus den Klamotten zu kriegen. Neben der *Blinddarmnarbe* hier noch ein paar vielfach erprobte Sprüche, die Sie selbst testen sollten:

Bei Ihrem Freund, dem Bankangestellten: *Wow, bist du gut im Training. Zeig mir doch mal deine Muskeln!*

Bei Ihrem friedensbewegten Englischlehrer: *Und Sie haben sich tatsächlich eine Friedenstaube auf den Oberschenkel tätowieren lassen?*

Bei Ihrem zugeknöpften Steuerberater: *Eine Sekunde! Ich will nur eben den Fussel von Ihrer Hose ablesen.*

Bei Ihrem Arzt: *Würde es Ihnen etwas ausmachen, sich diesen Biß mal etwas näher anzusehen?*

Bei Ihrer Tresenbekanntschaft: *So, jetzt muß ich nach Hause. Kannst du mir vielleicht den Weg zeigen?*

Beim Jungen vom Pizza-Dienst: *Wo war denn noch mal meine Handtasche? … ich glaub', im Schlafzimmer …*

Der Variationen gibt es unendlich viele. Und die meisten Männer sind clever genug, einen solchen Wink mit dem Zaunpfahl zu verstehen. *Sie* müssen nichts weiter tun, nur zur rechten Zeit den rechten Spruch parat haben, und schon heißt es …

Greifen Sie zu …

Wir haben unzählige Gespräche darüber geführt, *wann* ein Kerl soweit ist, daß wir zum Angriff übergehen können, und wie dieser Angriff dann aussehen soll. Sicher, Sie können einfach mit einem verführerischen *Komm-hierher-Kleiner*-Schmachtblick zu ihm aufsehen. Sie können ihm die Arme um den Hals legen und ihm einen sehr feuchten Kuß verpassen. Sie können ihm derart einfühlsam und zärtlich den verspannten Nakken massieren, daß ihm Hören und Sehen vergeht. All das *kann* funktionieren; *muß* aber nicht. Halb so schlimm: es gibt eine bewährte Methode, die absolut und unter Garantie *immer* funktioniert: atmen Sie tief ein, atmen Sie langsam – aber hörbar – wieder aus, schauen Sie ihm tief in die Augen und dann greifen Sie ihn sich einfach.

Falls Sie fürchten, er könne Sie deswegen für eine Schlampe halten – das wird er wahrscheinlich auch. Aber höchstens für ein paar Sekunden. Denn wenn Sie sofort und mit Schmackes rangehen und ihn sich nach allen Regeln der Kunst vorknöpfen, sind irgendwelche dunklen Gedanken bald wie weggeblasen. Er wird Wachs in Ihrer Hand sein. So eine kleine, damenhafte Eröffnung kann das ganze Spiel entscheiden. *Greifen Sie zu* ist mehr als ein guter Rat. Es ist eine Weltanschauung.

1.

Unbedingt tun – Unbedingt lassen

Bevor wir jetzt gleich in die vollen gehen, hier noch ein paar grundsätzliche Dinge, die Sie wissen sollten: Schwule Männer betrachten jede Vögelei erst mal als einmaligen Vorgang. Während Frauen darauf bedacht sind, wenigstens ein Frühstück für den Morgen danach im Kühlschrank zu haben, gehen schwule Männer davon aus, daß ihr Partner zu diesem Zeitpunkt längst wieder über alle Berge ist. Schwule Liebhaber möchten durchaus, daß alles perfekt ist, und geben ihr Bestes, um *ihm* die vielleicht schönste Liebesnacht seines ereignisreichen Lebens zu bieten. Ob sie ihn jemals wiedersehen werden oder nicht, spielt dabei überhaupt keine Rolle. Wenn Ihnen also der eine oder andere der folgenden Tips etwas seltsam vorkommen sollte – behalten Sie ihn bitte trotzdem im Auge.

Der Großputz

Eine gründliche Dusche kann nie schaden. In Ihrem früheren Leben mag das nicht so wichtig gewesen sein; da waren Sie das Tor und er der Stürmer. Aber jetzt, wo Ihre Hände, Ihr Mund und – ja – auch Ihre Nase sich an Orte begeben werden, wo sie noch nie waren – und zwar manchmal recht lange und ausführlich –, möchten Sie sich darauf verlassen können, daß *er* peinlich sauber ist. Das soll nicht heißen, daß ein natürliches, männliches Aroma nicht auch durchaus anregend wirken kann – aber wer möchte seine Nase schon – auf Dauer – in einen alten

Turnschuh stecken. *Nach* dem Sex verschwitzt und klebrig ist schön und gut. Ist man es schon *vor* dem Sex, ... wird es problematisch.

Wenn Sie sich irgendwo mit ihm verabredet haben, stehen die Chancen, daß er vorher unter der Dusche war, ganz ausgezeichnet. Aber wenn er eben gerade die Treppe hochkam, weil er schnell noch den Hund ausgeführt oder die Waschmaschine repariert hat, müssen Sie auf den einen oder anderen unangenehmen Geruch gefaßt sein – bis hin zu einem herzhaften Bier- und Zigarettendunst aus der Kneipe um die Ecke. Ist nicht schön, aber kann halt mal vorkommen. Das gleiche gilt natürlich auch für Sie. Diese silbrigen Höschen aus hundert Prozent Polyester, die Sie in der Vogue entdeckt haben, mögen zwar ungeheuer scharf aussehen, aber wenn Sie sie ausziehen, kann es sein, daß Sie riechen wie ein Strand nach einem schweren Sturm. Pech! Machen Sie sich wegen solcher Sachen nicht verrückt, aber es lohnt sich, etwas darauf zu achten.

Man erzählt sich, daß Cher beim Anblick eines besonders knackigen Kerls gerufen haben soll: »Wascht ihn, und bringt ihn in mein Zelt!« Cher kann sich das vielleicht erlauben, aber wenn Sie nicht Claudia Schiffer – oder wenigstens sagenhaft reich – sind, sollten Sie nie, unter keinen Umständen vorschlagen, *er* solle mal eben eine Dusche nehmen. Er würde das sofort persönlich nehmen und sich unerwünscht, fehl am Platze oder – im besten Falle – nicht gut genug für euer Hochwohlgeboren fühlen. Sagen Sie lieber: *Hhhm, mir wird richtig heiß, wenn ich dich so ansehe. Ich glaub, ich brauch 'ne kalte Dusche!* Dann schauen Sie ihm tief in die Augen und legen ein Kleidungsstück Ihrer Wahl ab. Nun müßte er eigentlich kapiert haben und Ihnen ohne weitere Fisimatenten ins Bad folgen. Sollte er dazu zu blöde sein, versuchen Sie es mit einer deutlich formulierten, offiziellen Einladung. Wenn er dann immer noch dumm rumsteht, sagen Sie ganz beiläufig, Sie müßten mal eben unter die Dusche. Lassen Sie die Badezimmertür auf, ziehen Sie sich aus, drehen Sie den Hahn auf, und rufen Sie ihm zu, er möge ein Stück Seife, einen Waschlappen, oder die Bodylotion aus Ihrem Nachttisch bringen (siehe Kapitel 2). Wenn er es dann immer noch nicht schnallt, hat er wahrscheinlich Schweizer Vorfahren.

Wo wir gerade dabei sind: Es gibt noch ein paar Dinge, die unter *Unbedingt lassen* fallen, von Frauenzeitschriften aber gerne übersehen werden.

Pretiosen, Klunker & Co

Ist Ihnen schon mal aufgefallen, daß schwule Männer oftmals vollkommen hingerissen von Ihrem Schmuck sind, aber selbst kaum welchen tragen? Strahlendes, klimperndes Geschmeide kann durchaus auch auf Männer anziehend wirken – sie haben nur keine Lust, sich nachher Ihr silbernes Armband aus den Schamhaaren fingern zu müssen. Im umgekehrten Falle Sie wahrscheinlich auch nicht. Schon der kleinste Diamant, egal ob Sie ihn an den Ohren, in der Nase oder im Bauchnabel tragen, kann Verheerendes anrichten. Denken Sie daran: Was Glas schneiden kann, kann auch einen Thorax eröffnen. Die gleiche Warnung gilt für Uhren, Ringe und Kettchen an den Fußknöcheln.

Ganz ohne Zweifel ist Reizwäsche ein bewährter Beschleuniger. Sie kann jedoch ebenso schnell zum Verkehrsstillstand führen, wenn sich eine aufgesetzte Perle in seinem Brusthaar verfängt oder irgendein phantasievoll gestalteter Knopf ihm den Bauch aufschlitzt. Tragen Sie nicht zu dick auf. Mit ein bißchen Glück haben Sie das Zeug eh nicht allzulange am Leib.

Die Nagelprobe

Einerseits fühlen sich Männer von langen Fingernägeln magisch angezogen und sehen sofort die Kratzspuren auf dem eigenen Rücken vor sich. Andererseits möchte keiner im Taumel der Lust plötzlich sein Bett auf den Kopf stellen müssen, um einen verlorengegangenen künstlichen Nagel wiederzufinden. Und wenn er, tags drauf und wieder allein, plötzlich einen lackierten Nagel zwischen den Laken entdeckt, dreht er womöglich durch, weil er keine Ahnung hat, was das ist. Oder – noch schlimmer – weil er glaubt, Sie wären eine Ganzkörperfälschung. Zivilisierte homosexuelle Herren, und uns ist eigentlich keiner bekannt, der anders wäre, stellen hohe Ansprüche an gepflegte Fingernägel. Pflegen Sie also die ihren, schließlich wissen Sie vorher nie, wo diese landen.

Duften – nicht stinken!

Frauenmagazine preisen heutzutage Wohlgerüche für alle Lebenslagen an. Aber vergessen Sie nicht: mit den Anzeigen der Hersteller wird ein

Heidengeld verdient. Im Gegensatz zu alldem, was man Ihnen dort erzählt, ist für Männer ein bestimmter Geruch allerdings nicht gleichbedeutend mit einem Sommernachmittag im frisch gemähten Heu, einem Champagnerpicknick im Mondschein, ewiger Jugend oder ähnlichem. Parfums sind ihnen eigentlich relativ wurscht. Sie haben schon die allergrößte Mühe, sich Ihren Geburtstag zu merken, erwarten Sie also bitte nicht, daß ihnen ein bestimmter Geruch etwas sagt. Es kann ja sein, daß ihm Ihr Chanel Nummer soundso im Prinzip ganz gut gefällt; auf seinen Laken, Hemden oder seinem Sofa hat es nichts zu suchen. Ein geschickt plazierter Tropfen hie und da ist vollkommen in Ordnung. Aber übertreiben Sie es nicht. Abgesehen davon nehmen die Allergien gegen irgendwas beziehungsweise alles stetig zu. Und ein Niesanfall in dem Moment, wo er sich zum Küssen über Sie beugt, dürfte wohl kaum das Vorspiel sein, das Sie sich erträumen.

Was soll ich bloß ausziehen?

Tragen Sie Wildleder, Kaschmir, Seide und Leder. Die Sachen riechen sinnlich und fühlen sich auch so an. Vermeiden Sie kratzige Wolle, Polyester und alles, in dem Sie schwitzen wie ein Schwein. Und da wir gerade dabei sind: Wußten Sie, daß Ihr Schamhaar unter Umständen für seine Lippen oder sein Kinn genauso unangenehm sein kann wie sein Bart für Ihre Gesichtshaut? Eine stinknormale Haarkur kann da Wunder wirken.

Wie steht's mit den Haaren?

Bevor Sie allzu enthemmt in seiner Frisur herumwühlen – schauen Sie sich den Kopfputz etwas genauer an. Trägt er die Haare immer exakt gleich? Fühlen sie sich eventuell etwas, ... eigenartig an? Passen Sie auf, daß es Ihnen nicht ergeht wie seinerzeit Danny. Jedesmal, wenn er einem bestimmten Kerl mit den Fingern durch die Haare fahren wollte, wurde der schrecklich nervös und schob Dannies Hand weg. Plötzlich, in einem lichten Moment fiel es Danny wie Schuppen von den Augen: Der Kerl trug eine Perücke! Also, bevor Sie sich verzückt ins Gras schmeißen – vergewissern Sie sich, daß es kein Kunstrasen ist.

Apropos Haare: die wenigsten Frauen wissen mit der männlichen Körperbehaarung umzugehen. Lassen Sie eine gewisse Vorsicht walten, wenn Sie seine behaarte Brust, seine Schenkel oder Hüften massieren oder zärtlich abschlecken. Und wenn Sie im Taumel der Lust etwas brutaler werden, bedenken Sie bitte: Was Ihnen vorkommt wie handelsübliche Leidenschaft, kann sich für ihn anfühlen, als würde er bei lebendigem Leibe gehäutet. Körperhaare ziepen schrecklich, und das ist alles andere als lustfördernd. Cremes, Lotionen und Massageöle machen das oft nur noch schlimmer. Verwenden Sie das Zeug vorsichtig.

Zwei alten Freunden, Freddy und Eduardo, ist mal was Komisches passiert: Eines Abends schleppte der eine den anderen ab, und sie übertrieben es wohl ein bißchen mit dem Massageöl. In einem Anfall von brünftiger Leidenschaft müssen sich die beiden Jungs in dieser Nacht an der Wand lang durch die ganze Wohnung gefickt haben, jedenfalls staunten sie am nächsten Morgen nicht schlecht, als sie die Abdrücke ihrer Hände und Hintern als ölige Silhouetten auf der kostbaren, antiken Tapete wiederfanden, auf die Freddy so stolz war. Übertreiben Sie es also nicht mit dem Öl.

Eine andere Warnung, die wir kürzlich im World Wide Web aufgeschnappt haben, lautet: »Kleben Sie nie Körperteile mit Tesa oder Paketband aneinander!« Das können wir nur unterschreiben.

Verbale Liebestöter

Themen wie Ihre Periode, Hautausschlag, Hefepilz, die Enthaarung der Bikinizone und ähnliches sind für die Ohren eines Hetero-Mannes ungeeignet. Diese Gespräche sind für Abende mit Freundinnen oder schwulen Freunden reserviert. Heteros wird bei so was augenblicklich blümerant, und sie müssen an die frische Luft.

Was zu knabbern?

Zu unserem nächsten Thema fällt uns die unerquickliche Begegnung mit einem Typen ein, den wir den *Vampir von Lancaster* nannten. Er war zuckersüß, er war niedlich, er war leidenschaftlich, aber er hatte eine übertriebene Vorliebe für Liebesbisse – und verteilte sie freigebig. Trotz wiederholter, liebevoll, aber eindringlich vorgebrachter Proteste war er nicht davon abzubringen, zu *fest* und *zu oft* zuzubeißen. Einmal ging es mit ihm durch, und er verbiß sich derart heftig in Dannies Rücken daß er nur durch einen schnellen, entschlossenen Schlag aufs Köpfchen zur Räson zu bringen war. Liebesbisse sollten sanft, sparsam und nur zu besonderen Anlässen gesetzt werden. Er soll schließlich nicht glauben, Sie wären oralfixiert oder einfach nur verfressen. Und machen Sie bitte nie, nie einen Knutschfleck. Das war vielleicht früher mal lustig. Aber von der Mittleren Reife an aufwärts finden wir das nicht mehr komisch.

2.

Das »Profi«-Schlafzimmer

Die Bühne wird bereitet

Genau wie im Theater steht und fällt der Erfolg einer Vorstellung mit dem Bühnenbild. Unterschätzen Sie nicht die Rolle, die die richtigen Accessoires bei einem gepflegten Beischlaf spielen. Stellen Sie sich einfach vor, Sie entwerfen das Bühnenbild für eine ganz große Verführungsszene. Oder, wenn Ihnen das lieber ist, Sie stellen die richtigen Zutaten für ein göttliches Essen zusammen.

Vielleicht denken Sie, Männern sei es egal, in welcher Umgebung sie es treiben, Hauptsache, sie sind dabei ungestört. Das stimmt im großen und ganzen, aber eben nur so lange, bis irgend etwas dem ungestörten Treiben im Wege steht. Jeder hat schon mal eine dieser Anekdoten der Leidenschaft gehört, wo Bettgestelle unter gymnastischen Höchstleistungen plötzlich zusammenbrechen, ein übereifriger Rammler mit dem Kopf gegen die Wand knallt, oder Paare so intensiv bei der Sache sind, daß sie nicht bemerken, wenn die Laken an der Kerze neben dem Bett Feuer fangen. Gewiß sind das alles Geschichten, die man mit Genuß in der Kaffeepause am Morgen danach den Kollegen erzählen kann; aber die Freude an einer guten Nummer trüben sie trotzdem. Denken Sie immer dran: Wir geben Ihnen diese Tips nicht, damit Sie als Dummer August von der Bühne fallen. Wir wollen, daß Sie als strahlender Star auf der Matratze stehen.

Am allerwichtigsten – wer hätte das gedacht – ist ein gutes Bett. Ein beischlaftaugliches Bett hat im Idealfall weder ein Kopf- noch ein Fußende. Arme, Füsse und Köpfe sollten an jeder Seite frei herunterhängen können. Einige ganz verdorbene Leser werden sich jetzt fragen, wo man denn bitte schön die Handschellen befestigen soll, wenn das Kopfende fehlt? Keine Ahnung! Fesselungsspiele gehören nämlich nicht zum homosexuellen Standardrepertoire, zumindest nicht in unseren Kreisen. Wir gehen mal davon aus, daß Sie sich, wenn Sie auf so was stehen, mit derlei Werkzeug und mechanischen Hilfsmitteln besser auskennen als wir und sowieso die goldene Kundenkarte von Obi in der Tasche haben. Schwule Männer ziehen Stoßdämpfer aus Kaschmir vor. Das einzige, worauf wir immer achten sollten, ist, daß das Bett von allen Seiten frei zugänglich ist.

Unser Freund Eduardo, ein Innenarchitekt mit einer Vorliebe für kräftige Jungs, schwört auf sein großes, altes Bett, das auf einem kleinen Podest mitten im Zimmer steht. Es ist, als würde man eine religiöse Gedenkstätte betreten. Und nach allem, was wir so hören, muß Sex mit Eduardo tatsächlich etwas von einer religiösen Grenzerfahrung haben.

Die Frage, wie hoch das Bett sein sollte, führt zu ein paar kleinen, aber sehr interessanten Gesichtspunkten. Die Matratze auf dem Boden taugt nur zum lieblosen Schnellverkehr. Ein schönes, hohes Bett ist nicht nur beeindruckend, sondern auch ein unentbehrlicher Helfer bei zahllosen, interessanten Stellungen. So kann, zum Beispiel, einer der Beteiligten mit beiden Füßen auf dem Boden stehen, und trotzdem bestimmte Organe auf der richtigen Höhe haben, um mit dem anderen bestimmte Dinge zu tun. Wenn der Mann steht, können Sie Ihre Schenkel um seine Hüfte schlingen oder Ihre Fersen auf seinen Schultern parken. Oder Sie können Ihre Beine so anwinkeln, daß er Ihre Füße in seinen Händen hält. Oder beide stehen, Sie so nach vorne gebeugt, daß Ihr Oberkörper bequem auf dem Bett ruht, während er sich hinter Ihnen zu schaffen macht. Bei einer anderen Variante liegen Sie auf dem Rücken, lassen den Kopf über den Rand herabhängen und lecken seine Eier. Selbstverständlich funktioniert das auch umgekehrt.

Niedrige Betten empfehlen sich für andere Aktivitäten. Einer von Ihnen sitzt oder kniet neben dem Bett und der andere positioniert sein Lieblingsspielzeug auf der Bettkante. Die Beine können herabhängen und den Boden berühren. Diese relativ bequeme Position eignet sich ganz hervorragend, wenn Sie sich Ihrem Partner ausführlich oral und manuell widmen wollen. In solchen Fällen ist übrigens ein gepolsterter Bettvorleger mit rutschfester Unterseite zu Schonung der Knie empfehlenswert.

Eine stinknormale Matratze tut es natürlich auch. Alles, was wirklich zählt, sind die Größe, der Standort, der Standort und nochmals der Standort. Maggie hat mal ein ganz und gar entzückendes Apartment nicht gemietet, nachdem sie das Schlafzimmer mit schräger Decke getestet hatte. Ausgestattet mit allem, was sie von Danny gelernt hatte, kletterte sie aufs Bett und probierte verschiedene Positionen aus, unter besonderer Berücksichtigung des lichten Raums zwischen Bett und Zimmerdecke. Wenn sie schon nicht aufrecht sitzen konnte, dann würde das einem männlichen Wesen, das größer wäre als ein Meter fünfzig, schon gar nicht gelingen.

Eine Menge Leute schwören auf Wasserbetten. Wenn Sie gerne Wellenreiten, dann wünschen wir Ihnen viel Vergnügen. Schwule Männer wissen, daß Wasserbetten einem sehr massiven Rahmen haben müssen. Der kann zu Hautabschürfungen führen, und es ist auch nicht gerade die helle Freude, wenn das Gestell rhythmisch ans Kinn oder ans Schienbein schlägt. Wir empfehlen diese Dinger nicht. Das gleiche gilt für dünne Futons, die eine Folter für die Knie werden können. In jedem Fall überlebenswichtig ist übrigens, daß alle Schrauben an Ihrem Bettgestell fachmännisch festgezogen sind. Andernfalls können diese nämlich ein derart scheußliche Quietsch-Symphonie erzeugen, daß es für eine Anzeige wegen nächtlicher Ruhestörung reicht.

Bettgeflüster

Bettwäsche und Kissen sind Geschmackssache. Es sollte allerdings möglich sein, in's Bett zu kommen, ohne vorher allzu viel Zeit mit dem Entfernen von Zierkissen und lustigen Plüschtieren zu vergeuden. Ein schwuler Freund erzählte uns mal, wie er versuchte eine Frau zu verführen. Er dachte, er hätte sie jetzt soweit und gleich ginge es in die Federn. Also fing er an, ihre Plüschtiere vom Bett zu räumen. In dem Moment verwandelte sich ihre anfängliche Leidenschaft in puren Zorn, und sie gab ihm auf der Stelle den Laufpaß. Unser Freund hat es bis heute nicht verwunden, daß ihr die Plüschtiere wichtiger waren als er.

Spermaflecken sind unvermeidlich. Denken Sie daran, Männer betrachten ihre Ejakulation gewissermaßen als Belohnung für harte Arbeit. Sie sollten also nicht sofort aufspringen, ein Handtuch holen und die schöne Trophäe wieder wegwischen. Die Spermaflecken ihres Vorgängers allerdings sehen Männer nicht so gerne. Dicke, saugfähige Bettwäsche aus Baumwolle kann hier sehr hilfreich sein.

Jedermann weiß, wie nützlich und angenehm ein, zwei strategisch geschickt im Bett plazierte Kissen sein können. Ein paar Saunafreunde haben uns mal Kissen mit einer Füllung aus Buchweizenhülsen empfohlen. Wir haben sie ausprobiert und für großartig befunden. Unter den Hintern oder Nacken gelegt wirken sie Wunder, und wir können sie wärmstens weiterempfehlen.

Das ganze Drumherum

Jetzt sollten wir noch schnell einen Blick auf all die Sachen werfen, die um Ihr Bett herumstehen. Ein Nachttisch oder ein sonstiges kleines Möbel mit Schublade ist ideal. In jedem Fall sollte es eine Reihe von Utensilien enthalten, die wesentlich zum Gelingen dessen beitragen können, was Sie nachher im Bett treiben. Ganz wichtig ist eine stets griffbereite Flasche mit Bodylotion, die Sie aber bitte nur für Handarbeit und Massagen verwenden (siehe Kapitel 5). Ihre Gleitcreme sollten Sie diskret in der Schublade unterbringen. Ebenso in die Schublade gehören die Kondome (siehe Kapitel 8); diese müssen Sie aber so plazieren, daß Sie jederzeit schnell drankommen. Sollten Sie keine Schublade zur Verfügung haben, dann verwenden Sie irgendein anderes Behältnis, und wenn es eine leere Zigarrenkiste ist, Hauptsache der Deckel läßt sich leicht öffnen. Wer will schon im Augenblick der größten Lust noch groß herumsuchen. Das überlassen wir den Amateuren.

Außerdem sollten sich in Ihrer Schublade ein paar Spielsachen und ein sauberer Waschlappen finden. Frauen haben oft eine Box mit Kleenex neben dem Bett stehen, weil sie glauben, Papiertücher seien ideal, um Sperma abzuwischen. Heben Sie sich das Kleenexzeug zum Naseputzen auf. Sperma ist nun mal klebrig, und jeder Mann fühlt sich blöd, wenn er hinterher Kleenexfusseln am Schwanz kleben hat. Außerdem kriegt man diese Dinger kaum wieder ab, wenn sie erst mal angetrocknet sind. Die gute Homosexuellen-Etikette jedenfalls verlangt einen Waschlappen oder ein Gesichtshandtuch. Ein weicher Frottee ist sehr angenehm auf empfindlicher Haut.

Vor Beginn der Vorstellung sollten Sie ein Glas mit Eiswasser auf den Nachttisch stellen. Sie können, zum Beispiel, hie und da einen kleinen Schluck davon nehmen, um Ihren Mund für orale Intermezzi anzufeuchten, die Sache hat aber noch andere Vorteile: ein paar Eiswürfel zur Hand zu haben ist praktisch für neckische Vorspiele am Nacken, den Lippen oder den Nippeln. Und, falls Sie den Mut dazu haben: Es gibt Herren, die schwören auf die aufregende Wirkung eines Eiswürfels im werten Arsch, wenn er kurz vor dem Orgasmus eingeführt wird. Achten Sie aber unbedingt darauf, daß das Eis keine scharfen Kanten mehr hat.

Natürlich sollten Lichtquellen für alle Geschmäcker und Stimmungen in Reichweite sein. Die romantisierende Wirkung von Kerzenlicht ist nach wie vor durch nichts zu übertreffen. Aber wenn im Eifer des Gefechts irgend etwas

Feuer fängt, ist die Stimmung natürlich im Eimer. Verwenden Sie also nach Möglichkeit Kerzen in einem gläsernen Gefäß.

Und schließlich – es sei denn, Sie laden eine ganze Bande von Fußballfans ein, die Weltmeisterschaft bei Ihnen zu sehen – raten wir Ihnen, den Fernseher unbedingt so zu plazieren, daß man ihn vom Bett aus sehen kann. Dann können Sie ihm ganz beiläufig vorschlagen, gemeinsam Ihre Lieblingsserie anzuschauen. Stellen Sie sich vor, wie jesusmäßig unter Umständen die Post abgehen kann, wenn Sie rein zufällig die »richtige« Videokassette im Recorder »vergessen« haben (siehe Kapitel 11). Natürlich sollten Sie die Fernbedienung griffbereit haben.

3.

Die kleine Penisfibel

Da Sie und der Lümmel sich in Zukunft ziemlich nahekommen werden, dachten wir, Sie wollten ihn vielleicht gerne etwas besser kennenlernen: Woher er kommt, was er mag, was er nicht so mag, was er denkt, was er sich ersehnt. Hier kommt's: Alles, was Sie über Penisse wissen sollten, Ihnen aber kein Hetero je erzählen würde.

»Wie steht's denn so?«

Das ist gewiß eine absolut übliche Begrüßung, wenn ein heterosexueller Mann einen alten Freund in der Kneipe trifft. Was meint er damit? Eventuell ist das nur eine von vielen Arten zu fragen: *Wie geht's denn so?* Aber da Männer nun mal von ihren Pimmeln besessen sind, können wir ruhig davon ausgehen, daß sie nichts unversucht lassen, ihr kostbares Stück unter irgendeinem Vorwand zum Thema zu machen. Wenn es *gut steht*, kann das bedeuten, daß sie gerade unterwegs sind, um etwas aufzureißen, da ist die Vorfreude natürlich verständlich. Wenn es *nicht so gut steht,* haben sie heute möglicherweise schon einen Erfolg hinter sich und sind fürs erste erschöpft. Passen Sie also immer auf, was Sie fragen und – andersherum – was Sie antworten.

Und wie steht's jetzt wirklich? Die meisten – aber nicht alle – hängen. Ein Großteil der männlichen Bevölkerung kann Ihnen auswendig sagen, auf welcher Seite der Unterhose ihre Männlichkeit ruht. Maggie glaubte tatsächlich, »er« würde üblicherweise im rechten oder linken

Hosenbein des Mannes herunterhängen. Danny verriet ihr: »Nur bei den Glückspilzen.«

Auf die Größe kommt's nicht an

Für das, was Sie vorhaben, sollten Sie möglichst viel über die Psychologie des Penis wissen, wenn die Freundschaft mit dem guten Stück, ganz egal an wem es nun gerade befestigt ist, von Dauer sein soll. Alle Männer, egal ob schwul oder hetero, machen sich Gedanken über die Größe ihres Piepmatzes. Heteros geben es zwar nicht gerne zu, aber das Thema Größe beschäftigt auch sie. Obwohl Untersuchungen ergeben haben, daß Männer dazu neigen, die Länge ihres Dinges maßlos zu überschätzen, können Sie davon ausgehen, daß jeder die Länge seines Pinsels genau kennt, normalerweise auf den Millimeter genau. Sollte sich Ihr neuer Partner als jemand herausstellen, der zu den *Penisfixierten* gehört, empfehlen wir, äußerst verständnisvoll und vorsichtig mit ihm umzugehen. Also bitte nicht laut auflachen und etwas sagen wie: *Wenn das 25 Zentimeter sein sollen, dann ist das Zimmer mindestens 6 Meter hoch!* Er würde das sein Leben lang nicht vergessen. Vielleicht würde er sogar überlegen, wie er dem Ihren ein schnelles Ende bereiten kann. Denken Sie daran, daß es bei Penissen eine erstaunliche Vielfalt an Größen und Formen gibt. Und wenn Sie Freundschaft mit ihnen schließen, hat jeder auf seine Art etwas ganz Besonderes zu bieten.

Die Fixierung auf den eigenen Schwanz scheint den Männern angeboren zu sein. Wir alle erinnern uns sicher an einen dreijährigen Neffen oder Nachbarsjungen, der fernsieht und dabei hingebungsvoll an seinem Lümmel herumzupft. Und sicherlich würden die meisten Männer viel dafür geben, wenn sie sich an ihre erste Erektion erinnern könnten, aber sie waren noch so klein, daß nichts gespeichert ist.

Ein gemeinsamer Bekannter war als Kind so stolz auf seine erste Erektion, daß er sich einen kleinen goldenen Stern auf die Eichel geklebt hat, womit aber auch das Loch dicht war. Unglücklicherweise hat er dafür einen besonders guten Klebstoff benutzt. Überzeugt, daß er demnächst explodieren würde, weil er nie wieder Pipi machen könnte, mußte er seinen Vater einweihen. Der war zum Glück Arzt und bekam den Stern mit einem chirurgischen Instrument wieder ab. Allein der Gedanke, jemand könnte sich mit einem scharfen Gegenstand ihrem Penis nähern, reicht übrigens, um die meisten Männer bibbern zu lassen wie Espenlaub. Nicht auszudenken, was unser Bekannter damals durchgemacht haben muß. Also: auch wenn Sie noch so sehr das Bedürfnis verspüren, einem Pillermann einen Stern zu verleihen – kleben Sie ihn besser nicht darauf. Außerdem sind *Sie* diejenige, die – wenn Sie brav weiterlesen – bald einen Stern verliehen bekommt. Für all die vielen Dinge, die Sie über *ihn* wissen.

Solche und solche

Wir sagten es schon: Kein Penis ist wie der andere. Es gibt die kleinen, niedlichen, die bei Erregung verdammt groß werden können. Durch eine grausame Laune der Natur gibt es Männer, die mit Schwänzen geschlagen sind, die zwar zu jeder Zeit recht stattlich aussehen, bei Erregung aber fast nicht größer werden. Es gibt Männer mit winzigen Ringelschwänzchen, die im Bedarfsfall zu einem stattlichen Riemen werden können, und Männer mit winzigen Ringelschwänzchen, die leider immer winzige Ringelschwänzchen bleiben. Folglich gibt es Kerle, die nie auf die Idee kommen würden, sich in der Umkleidekabine ein Handtuch umzubinden, und solche, die lieber sterben würden, als in Gegenwart anderer Männer die Hose runterzulassen, *ohne* vorher ein Handtuch umgebunden zu haben. Jetzt wissen Sie, warum.

Das kleine ABC des Ständers

Die Erregung

Tja, was genau geht nun während des Sex in Ihrem neuen Freund vor? Die erste Stufe ist die Erregung. Sie wissen bestimmt längst, daß Männer auf praktisch alles mit Erregung reagieren können. Während der Erregungsphase, und die beginnt vielleicht lange, bevor Sie den Penis zu Gesicht bekommen, steigen Puls und Atemfrequenz, die Nudel beginnt sich zu füllen und wird schließlich zum Ständer. Das ganze Ding und die Eichel werden größer, und besagte Eichel wird besonders reizempfindlich. Unsere Umfragen nach dem erregbarsten Teil des Mannes brachten kein eindeutiges Ergebnis. Für einen Teil der Gemeinde liegt er ganz oben an der Spitze, also dem Teil, das Richtung Magen schaut, wenn man sich auf den Bauch legt. Die andere Fraktion lokalisiert ihren persönlichen G-Punkt am unteren Rand der Eichel.

Daß Männer zu den unpassendsten Gelegenheiten plötzlich einen stehen haben, ist eine ganz andere Geschichte. Die allseits beliebten Boxershorts können der Grund sein, daß wieder mal ein Herr mit roter Birne aus einem Eiscafe läuft und sich an nichts mehr erinnern kann als an den Cappuccino auf dem Tisch und den Ständer darunter. Und jeder Mann wird sich an die schrecklichen Momente in der Schule erinnern, wo er mit einer brettharten Erektion auf der Bank saß und nervös auf die Uhr kuckte: noch drei Minuten bis zur großen Pause und keine Erlösung in Sicht. Dieses Eigenleben unseres Freundes könnte übrigens auch der Grund sein, warum Männer während einer Besprechung plötzlich völlig unkonzentriert und desorientiert wirken. Gerade haben sie noch fasziniert Ihrer neuesten Marketing-Strategie gelauscht, und im nächsten Moment ist ihre größte Sorge, wie sie vom Platz aufstehen sollen, ohne mit ihrer Latte den ›Frühlingssalat mit gebratener Hühnerbrust‹ vom Tisch zu fegen.

Vor langer Zeit, als Danny in einem Restaurant arbeitete, wo ihn die männlichen Gäste aufs charmanteste anflirteten, in der Hoffnung, einen besseren Tisch zu bekommen, ist ihm das *ständig* passiert. Zum Glück hatte das Restaurant riesige Speisekarten, die er sich beim Durchqueren des Lokals vor die verräterische Beule halten konnte, und Danny hat mehr als einmal gebetet, das Malheur möge sich erledigt haben, bevor er den Tisch erreicht. *Gib mir mal die Karte* entwickelte sich zum Running-Gag in dem Lokal, das unsere Freundin Laurie damals besonders oft frequentierte. Sie schaute praktisch täglich *kurz herein*, stand plötzlich neben Danny und fragte, ob er zufällig eine Speisekarte brauche. Irgendwie hat sie immer den richtigen Moment erwischt.

Er steht!

Die natürliche Folge der Erregung ist nun mal …, daß er irgendwann steht. Die Nudel wird lang und hart. Jetzt sollten Sie Vorsicht walten lassen und nichts überstürzen, es sei denn, Sie hätten gleich einen wichtigen Termin und es somit eilig. Eine Methode herauszukriegen, ob es ihm bald kommt, ist ein Blick auf die Eier. Ist das Säckchen schön fest geschnürt und liegt dicht am Piepmatz an, dann ist es gleich soweit. Wenn die Eier entspannt in der Gegend herumbaumeln, dann kommt es ihm höchstwahrscheinlich nicht so bald. Die Länge der *Er steht*-Phase ist sehr unterschiedlich. Wir empfehlen, daß Sie sich zwischendurch oral oder manuell auch noch an anderen Stellen seines Körpers zu schaffen machen. Das lenkt ihn etwas ab, und Sie müssen sich nicht gleich die 20 Uhr-Nachrichten ansehen, obwohl Sie eigentlich vorhatten, den Fernseher erst zur Mitternachtstalkshow wieder einzuschalten.

Er kommt

Auf dem Weg zum Orgasmus steigen Puls und Atemfrequenz stetig, und die Muskeln spannen sich an. Wie der weibliche Orgasmus, besteht der männliche Höhepunkt aus kleinen Kontraktionen, genauer gesagt: ungefähr acht. (Das behauptet jedenfalls ein Freund von uns, der nebenbei Medizin studiert.) Zwischen diesen Kontraktionen liegt jeweils ungefähr eine Sekunde. Die Ejakulation kann von jeder erdenklichen Reaktion begleitet werden. Wir kennen Lacher, Weiner, Rumbrüller, Kerle, die wiehern wie ein Pferd, und so weiter und so fort.

Manche Männer fangen an zu zittern, und andere geben keinen Piep von sich. Danny ist dafür bekannt, daß er beim Orgasmus lacht; einige seiner Partner haben darob mit einer regelrechten Paranoia reagiert und wollten wissen, *was* denn so komisch sei. Egal, wie *Ihr* Mann reagiert, was er *danach* braucht, ist Wärme und Herzlichkeit. Umarmen Sie ihn, wenn Sie das Gefühl haben, er mag das; Küsse sofort nach dem Orgasmus können zum Problem werden, weil Sie wahrscheinlich beide noch etwas außer Puste sind. Ein Tip zum Schluß: Fassen Sie sein Ding nicht kurz danach an! Die Nudel ist dann nämlich noch so fertig und empfindlich, daß sie keine Berührung erträgt. Wir haben einen Freund, der behauptet, er hätte es gerne, wenn gleich nach dem Orgasmus jemand seinen Dödel in die Hand nimmt. Aber der Kerl ist auch sonst ein bißchen pervers. Also lassen Sie es lieber sein!

Warum nicht alle Orgasmen Zehenbeben, Ganzkörpereruptionen, Vulkanausbrüchen, Flugzeugabstürzen, Schiffsuntergängen und ähnlichem gleichen, wissen wir auch nicht, wir wissen nur, daß so was vorkommt. Aber eben nicht immer. Wir sind überzeugt, daß es etwas damit zu tun hat, wie lange das Vorspiel und andere Arten der Stimulation gedauert haben. Je sorgfältiger die Vorbereitung, desto heftiger das Ergebnis. Denken Sie daran, daß ein Mann imstande ist, sich binnen drei Minuten einen von der Palme zu schütteln – aber seine Zehen beben nicht, und ein Vulkan bricht auch nicht aus. Jetzt, wo Sie anfangen die Welt ein bißchen mit den Augen eines Schwulen zu sehen, werden Sie bald eine Naturkatastrophe nach der anderen erzeugen.

Die Launen der Natur

Daß es den Penis in so vielen Formen und Größen gibt, ist eine Laune der Natur. Seien Sie nicht überrascht, wenn Sie welche sehen, die wie eine Banane gekrümmt sind, andere, die unten dicker sind als oben, außerdem lange, dünne, kurze, dicke; welche, die untenrum behaart sind, und eine erdrückende Vielfalt von … nennen wir es mal Gesichtsausdrücken. Diese verschiedenen Mienen müssen irgendwie mit der Beschneidung zusammenhängen. Ein Freund von Danny scheint an einen homosexuellen Beschneider geraten zu sein: seine restliche Vorhaut weist geradezu barocke Formen auf. Das mit der Vielfalt gilt übrigens auch für die Farbe. Einige werden tiefrot, andere behalten immer die Farbe, die sie auch in schlaffem Zustand haben. Sollten Sie es mit jemand treiben, der einen Penisring trägt, seien Sie bitte nicht beunruhigt, wenn sich die Gurke dunkelrot verfärbt.

Im großen und ganzen sind Schwänze etwas Schönes und Nützliches, aber wir geben zu, daß es auch welche gibt, die derart abstoßend und häßlich daherkommen, daß man sie beim besten Willen nicht angucken mag. In diesem Fall machen Sie bitte das Licht aus, schließen Sie die Augen und stellen Sie sich vor, das Ding, dem Sie sich gleich widmen, sei eine perfekte Renaissance-Skulptur und nicht die schiefe, krumme, blaugeäderte Realität, die Sie anschielt. Und bedenken Sie bitte: Wenn ein Mann einen häßlichen Pimmel hat, dann *weiß er das!* Um so mehr wird er es zu schätzen wissen, wenn Sie nicht gleich zu Tode erschrecken.

Wie heißt er denn?

Es ist übrigens ein weitverbreitetes Phänomen, daß Männer ihren Piepmätzen Namen geben. Die Heteros haben auf diesem Sektor eindeutig die Nase vorn. Hier ein paar, an die wir uns erinnern können:

Herr Hoppla
Herr Glücklich
Der Rote
Hermann, der einäugige Deutsche
Langer Johann
Schneller Freddy
Kleiner Elvis
Wilder Onkel
Tim der Nervöse
Der verrückte Hund
Ralf der Allmächtige
Peter der Große
Ivan der Schreckliche
Das Baguette
Ihmchen

4.

Primi Piatti

So, die Bühne ist bereitet. Sie haben den Kerl. Die übrigen Zutaten haben Sie ebenfalls parat. Bald sind Sie bereit für den ersten Gang eines unvergeßlichen 5-Sterne-Menüs.

Kürzlich hat ein Freund von uns angekündigt, er werde unbezahlten Urlaub nehmen und nach Spanien ziehen, um sich ganz seinem neuen Geliebten zu widmen. Auf die Frage nach dem Warum antwortete er, der Sex mit ihm sei der beste, den er je erlebt habe. Diese neue Liebe hielte ihn unter Dampf und hammerhart. Permanent. Natürlich stierten wir sofort neugierig auf seinen Reißverschluß – Vertrauen ist gut, Kontrolle ist besser – und quetschten ihn aus, so gut es ging, um herauszukriegen, *was* das Besondere an dieser Liaison war. Die Technik? Taten sie es fünfmal am Tag? Kannte er Tricks, die wir nicht kannten? Unser Freund verriet uns das Geheimnis: sein kluger Novio hatte aufs geschickteste die Kontrolle und Alleinherrschaft über das *Was, Wo* und *Wann* übernommen. Nie wußte unser Freund, was ihn als nächstes erwartete; und genau das hielt ihn bei der Stange.

Schwule machen sich im allgemeinen keine großen Gedanken darüber, wer im Bett die Führung übernimmt. Es ergibt sich einfach, je nach Stimmungslage. Lassen Sie sich von einem Freund raten: Wenn Sie Wimbledon gewinnen wollen, müssen Sie mit einem guten Aufschlag eröffnen. Haben Sie also keine Angst, den ersten Schritt zu tun. Machen Sie sich keine Sorgen, daß er Sie für eine überspannte Emanze halten könnte, denken Sie daran, wie viele Männer von Barbarellas phantasieren, die sie fesseln und knebeln. Unsere informelle Umfrage unter Homos und

Heteros hat ergeben, daß Männer es durchaus als angenehm empfinden, wenn der Partner den Ton angibt. Der Gedanke, sich einfach mal zurückzulehnen und den anderen machen zu lassen, ist für sie höchst reizvoll. Sie erinnern sich noch an unsere Losung *Greifen Sie zu!* (Siehe Einleitung) Sie haben ihn! Im nächsten Kapitel bekommen Sie ein paar Tips, wie Sie ihn schön aufheizen.

Küßchen, Küßchen

Ein homosexueller Mann kann Ihnen wahrscheinlich nicht viel Neues über das Küssen erzählen. Wir alle kennen gute Küsser und schlechte Küsser; was also macht einen guten Kuß aus? Entspannte Lippen, ein leicht geöffneter Mund und Neugier. Die Tatsache, daß Sie dieses Buch lesen, zeigt, daß Sie neugierig und lernbereit sind. Nach einer Reihe zärtlicher Küsse auf den Mund ist es dann an der Zeit, etwas Gas zu geben und Richtung Süden zu ziehen. Küsse in den Nacken sind auch was Feines, aber letztlich wird es Ihre Zunge sein, die ihn so richtig aus der Bahn wirft.

Die Stelle, wo sein Nacken in die Schulter übergeht, ist auch nicht zu unterschätzen. Jede Art von Küssen und Lecken in dieser Gegend macht ihn willenlos. Von dort geht's dann weiter in Richtung Unterarm. Eine andere Zone, die sich auf Ihre Lippen freut, befindet sich längs der Innenseite seines Armes, zwischen Bizeps und Trizeps. Dort ist die Haut meist besonders zart und für jede Aufmerksamkeit dankbar.

Wir hatten ja bereits die Bauklötze erwähnt, die einige unserer Freundinnen staunten, als sie erfuhren, daß auch Männer in ihren Nippeln Gefühle haben. Zugegeben, es gibt Männer, die nicht darauf reagieren. Aber für erstaunlich viele sind diese beiden kleinen Dinger praktisch das A und O des Vorspiels. Unsere Umfrage ergab eine Pattsituation. Fünfzig Prozent sagten: »Laß mich doch mit *dem* Scheiß in Frieden…«, und die anderen fünfzig sind regelrechte Nippel-Fans.

Die einzig sichere Methode, um herauszufinden, ob die Nippel Ihres Erwählten unter Strom stehen oder nicht, ist die Probe aufs Exempel. Nur so ein bißchen daran herum lecken wird tatsächlich als langweilig empfunden. Wenn Sie jedoch ein wenig knabbern, ziehen oder kneifen, kann sich die Situation schlagartig ändern. Ein Freund von uns, den man praktisch als ersten Vorsitzenden der Interessengemeinschaft der Nippel-Fans bezeichnen könnte, hat uns alles verraten, was Sie je über Nippel wissen wollten, aber nicht zu fragen wagten.

Als erstes sollten Sie sich ein wenig mit seiner Brust beschäftigen. Wenn Ihr Mann des Tages gut durchtrainiert ist, ist auch seine Brustmuskulatur überdurchschnittlich empfindlich. Massieren und kneten Sie seinen Brustkorb von außen nach innen, das reicht bereits vollkommen, um die Nippel in Erregung zu versetzen. Ganz nebenbei würdigen Sie damit seine harte Arbeit im Fitneßstudio. Arbeiten Sie sich langsam an den Moment heran, wo die Nippel es kaum erwarten können, von Ihnen in die Mangel genommen zu werden. Es gibt übrigens Muskelmänner, die regelrechte Nippel-Ständer haben. Warten Sie nicht darauf, daß das von alleine geschieht, greifen Sie zu.

Der Experte berichtet von Nippeln so groß wie Erdnüssen, bis hin zu welchen in der Größe eines Cornichon. Was uns auf diesem Sektor so unterkam, rangierte eher am unteren Ende der Skala.

Okay, Ihr Mann ist also mittlerweile obenrum aufgewacht. Benutzen Sie jetzt Ihre Zunge, lecken und saugen Sie, was das Zeug hält. Und dann pusten Sie die Nippel vorsichtig an. Die kühle Luft über den feuchten Brustwarzen löst genüßlichen Schauder aus. Das machen Sie etwa zwanzig Sekunden, bitte nicht länger! Dann knabbern Sie wieder vorsichtig ein bißchen, und schließlich nehmen Sie den Mund voll und machen weiter. Auch hierfür sollten zwanzig Sekunden völlig ausreichen.

Und jetzt versuchen Sie das Ganze noch mal mit den Zähnen. Erlauben Sie uns vorher ein paar Worte zum Thema Sicherheit am Arbeitsplatz: Fangen Sie mit vorsichtigen und zärtlichen Bissen an, kauen Sie nicht darauf herum. Erst wenn Sie das Gefühl haben, daß es ihm gefällt – im Zweifelsfall fragen Sie ihn einfach –, beißen Sie fester zu. Einige geraten vor Wonne ganz aus dem Häuschen, wenn richtig scharf zugebissen wird, anderen tut das einfach nur weh. Auf keinen Fall sollten Sie selbstvergessen auf den Dingern herumbeißen, wie auf einer Handvoll Cashewnüssen. Benutzen Sie ausschließlich die Schneidezähne, und hören Sie auf, wenn er »AAUUAA« brüllt. Eine ebenfalls sehr beliebte Methode ist der gleichzeitige Einsatz von Zunge und Zähnen. Klemmen Sie einen Nippel zwischen die Zähne und massieren Sie ihn von unten mit der Zunge.

Jetzt fangen Sie an, an seinen Nippeln zu ziehen, zuerst an einem, dann an beiden gleichzeitig. Klemmen Sie sich je einen zwischen Daumen und Zeigefinger und ziehen Sie. Das machen Sie mal mit der rechten, mal mit der linken Hand, ein bißchen so, als würden Sie eine Kuh melken. Wenn Sie den Eindruck haben, daß er das mag, bauen Sie noch ein paar Kneifer sowie die eine oder andere Drehbewegung mit ein und ziehen Sie. Es mag Ihnen vorkommen, als müßten Sie gleichzeitig einen Geldschrank öffnen, eine Kuh melken und einen Milchshake zapfen. Aber wenn Sie in der Lage sind, sich gleichzeitig am Bauch zu kratzen und am Ohr zu ziehen, dann kriegen Sie auch das in den Griff.

Ein Wort zum Thema ziehen: Federleicht ein bißchen *zupfen* bringt uns hier nicht weiter. Wenn er zu den Glücklichen gehört, die etwas Leben unter der Hemdbrust haben, dann will er auch spüren, daß Sie an ihm arbeiten. Anfangen sollten Sie durchaus vorsichtig, dann schauen Sie ihm von Zeit zu Zeit ins Gesicht, um zu sehen, wie es ihm geht, und wenn es ihm gutgeht – gehen Sie zum Angriff über. Es gibt Mannsbilder, die erst aufblühen, wenn ihre Nippel regelrecht vergewaltigt werden. In einem solchen Fall sollten Sie sich nach ein paar Nippel-Klammern umsehen (siehe Kapitel 11), oder Sie bitten Ihren Zahnarzt, wenn Sie das nächste Mal Ihren Zahnstein entfernen lassen, um zwei dieser Klemmen, mit denen er das Lätzchen befestigt. Ein letzter Tip: Ein Eiswürfel auf seiner Brustwarze kann ebenfalls Wunder wirken.

Vom Walken und Kneten

Ob von warmer Menschenhand oder vom anonymen Elektrogerät – eine gute Massage macht jeden glücklich. Nach einem harten Nachmittag im Fitneßstudio wird Ihr aktuell Liebster ein paar Streicheleinheiten im Nacken, auf der Brust, an Armen und

Beinen sehr zu schätzen wissen. Außerdem wird er Ihnen nicht böse sein, wenn Sie Ihm vorsichtig den Rücken kratzen. Viele Männer stehen übrigens auf eine kräftige Kopfmassage. Sie würden Ihn vielleicht an die Wand klatschen, wenn er ohne Vorwarnung anfinge, in Ihrer brandneuen Hundertfünfzigmarksfrisur herumzuwühlen. Ihn wird das kaum stören, es sei denn, er trägt einen Fiffi auf dem Kopf spazieren. Fangen Sie – mit entschlossenem Druck der Fingerspitzen – bei den Schläfen an, und arbeiten Sie rückwärts, bis über die Ohren. Das funktioniert eigentlich bei jedem, egal ob er nun gerade vom Gewichtestemmen oder vom Kreativtöpferkurs kommt.

Sollte er auf dem Bauch liegen, lassen Sie Ihre Hände in Richtung Nacken und Schultern wandern. Setzen Sie in seinem Genick ein bißchen den Daumen ein, und greifen Sie an der Stelle, wo der Nacken in die Schulter übergeht, fester zu. Kneten Sie die Muskeln mit der ganzen Hand, und üben Sie mit dem Daumen noch etwas Extradruck aus. Machen Sie das nicht allzu lange, sonst schläft der Kerl Ihnen womöglich noch ein, bevor sein Lümmel aufgewacht ist. Bei der Rückenmassage konzentrieren Sie sich bitte immer auf die Muskeln rechts und links der Wirbelsäule; die Wirbelsäule selbst lassen Sie besser in Ruhe.

So arbeiten Sie sich so lange gen Süden vor, bis Sie an seinem werten Sitzfleisch angelangt sind. Ein argentinischer Bekannter hat uns erzählt, daß *Arschbackenpolieren* gerade der ganz große Hit in Buenos Aires ist; zur Zeit sogar populärer als Fußball. Zuerst pressen Sie den Daumen in die geographische Mitte der Pobacke. Drücken Sie fest zu, lassen Sie die Daumen rotieren und pressen und bearbeiten Sie das Gesäß mit Ihren Fingern. Dabei spielt es keine Rolle, ob Sie das Zupacken beim Ausgraben von Kartoffeln im Fränkischen oder am Wühltisch bei Jil Sander gelernt haben. Zeigen Sie ihm einfach, was Sie drauf haben.

Echt lecker!

Es gibt einige Männer, die es gerne mögen, wenn sie an den Zehen gelutscht werden; es gibt keinen, der es nicht mag, wenn an seinen Fingern gelutscht wird. Gekonntes Fingerlutschen macht ihn neugierig auf das, was Sie mit Ihrem Mund sonst noch können. Das hat bei Lolita funktioniert, warum also nicht auch bei Ihnen. Es darf nur keine Langeweile dabei aufkommen: fangen Sie mit seinem kleinen Finger an, und lutschen Sie sich – einen Finger nach dem anderen – zum Daumen durch. Halten Sie sich nicht mit irgendwelchen komplizierten Leckübungen an den Fingerspitzen auf! Nehmen Sie den ganzen Finger in den Mund. Zum Abschluß lecken Sie etwas seine Handinnenfläche. Danach können Sie sich dem Bauchnabel zuwenden oder seine eigene, nasse Hand um seinen Pinsel legen.

Nerz? Entscheiden Sie!

Was Textilien angeht, sind die Geschmäcker bekanntlich verschieden. Wir kennen ein Inneneinrichter-Pärchen, das mit dem Nachbestellen von Bettüberwürfen aus Pelz und Leder gar nicht hinterher kommt. Alle ihre Kunden scheinen es zu lieben, wenn sie irgendwas am Popo kitzelt, was früher mal an einem Tier befestigt war. Diese Leute müssen chemische Reinigungen haben, die ihnen Mengenrabatt geben! Wir kennen Leute, die können nicht ohne Handschuhe aus Pelz, Unterwäsche aus Latex und Strapsen aus Büffel-Leder. Falls Ihr Kerl unbedingt mit einem Zobelhaarpinsel am Hintern gekitzelt werden will oder an sein Skrotum nur noch Wasser und Krokodilleder läßt, dann schlagen wir vor: Stehen Sie dazu einfach, wie Sie wollen.

Ein kleines Nachwort zum Thema Vorspiel

Schwule warten nicht, bis sie endlich im Schlafzimmer sind. Unser Freund Tim zum Beispiel, ein ansonsten ziemlich zugeknöpfter Banker, pflegt seine Eroberungen in dem Moment zu pflöckeln, in dem sich die Wohnungstür schließt. Er nimmt sich nicht mal die Zeit, das Licht anzuknipsen. Das macht ihn scharf, denn es erinnert ihn an seine wilden Zeiten – die lange, lange zurückliegen –, als kein Hinterzimmer und kein dunkler Hauseingang ungenutzt blieb. Egal, ob Sie die Prinzessin sein wollen, die vom edlen Ritter im letzten Moment dem feuerspeienden Drachen entrissen wird, am Strand von einem durchtrainierten Surfboy nach Strich und Faden zusammengepimpert werden oder sich als Gefangene den perversen Außerirdischen ergeben: wichtig ist, daß es Ihnen Spaß macht, diese Phantasie zu leben.

Einer von Maggies Ex-Galanen wird wohl sein Leben lang nicht vergessen, wie sie einmal vor seiner Tür stand, mit nichts an als einem Paar hochhackiger Schuhe und einem weißen Kunstpelzmantel. So seltsam das sein mag, dieser Auftritt hat ihn offenbar derart nachhaltig beeindruckt, daß er ihn alle Jahre wieder auf seiner Weihnachtskarte erwähnt.

5.

Eine kleine Handarbeitsstunde

Jetzt kann es losgehen. Dieses Kapitel ist möglicherweise das wichtigste des ganzen Buches, denn was Sie hier lernen, wird Ihnen nicht nur bei der unmittelbaren Handarbeit am Objekt eine Hilfe sein, Sie können es in praktisch alle Bereiche Ihres phantastischen, neuen Sexuallebens integrieren. Wie das Konjugieren eines Verbs im Französischunterricht bilden diese verschiedenen Techniken die unverzichtbare Basis eines wunderbaren Ganzen.

Viele Frauen denken mit Grausen an ihre erste echte Begegnung mit einem Phallus zurück. Maggie hat immer geglaubt, die richtige Art, einen Penis anzufassen, wäre wie ein guter Händedruck: nicht zu fest und nicht zu lasch. Das ist Quatsch. Man paßt seinen Händedruck der Gelegenheit an. Das gilt auch, wenn wir einen Phallus anfassen. Eine Freundin hat uns erzählt, daß sie, als sie das erste Mal einem Jungen einen runtergeholt hat, den Schwanz gar nicht zu Gesicht bekam. Auf dem Rasen neben dem Schulsportplatz hat sie ihm damals in die Hose gegriffen, irgendwas gefunden, ein bißchen vor und zurück bewegt, und nach klammen fünfundvierzig Sekunden war der ganze Spuk auch schon wieder vorbei. Mit Lust – seiner wie ihrer – hat das herzlich wenig zu tun.

Wir fassen zu

Nun ist er also da, der große Moment! Wir gehen ihm an die Wäsche. Einen Arm legen Sie ihm am besten um den Nacken, und mit der freien Hand massieren Sie vorsichtig seinen langsam aufmerksam werdenden Lümmel, anfangs noch durch die Klamotten. (Durch seine, natürlich!) *Was* er dabei trägt ist nicht ohne Bedeutung, denn das Ding, um das es geht, kann schneller wachsen, als Sie vielleicht erwarten. Wenn er eine weite Bundfaltenhose anhat, bleibt Ihnen genügend Spielraum zum Manövrieren. Trägt er eine enge Jeans, ist größere Vorsicht geboten, denn was bereits eng ist, wird naturgemäß sehr schnell *zu* eng.

Egal *was* er anhat, das, was Sie mit ihm anstellen wollen, funktioniert im Prinzip immer gleich. Legen Sie Ihre Hand – die Finger bleiben dabei geschlossen und zeigen nach unten – auf den härtesten Teil des wach werdenden Kollegen, und fangen Sie an, ihn zu massieren. Die Hand bleibt dabei flach. Reiben Sie langsam und drücken Sie nicht fester zu, als Sie es bei Aladins Wunderlampe tun würden. Also eher abstauben denn polieren. Die bezaubernde Jeanny kriegen Sie schon noch früh genug zu Gesicht.

Der erste Ausgang

So, jetzt muß er aber langsam mal ans Licht. Anfängerinnen versuchen gelegentlich, ihn durch den nun geöffneten Hosenstall zu befördern. So machen Sie es bitte nicht, Sie sind schließlich kein Taschendieb. Und wenn es zehnmal so aussieht, als würde Ihr Freund locker durch den Hosenstall passen – riskieren Sie keine hochnotpeinliche Fahrt in die Notaufnahme! Öffnen Sie erst seinen Gürtel, dann nacheinander alle Knöpfe seiner Hose. Dann erst machen Sie langsam den Reißverschluß auf. Lassen Sie sich ruhig Zeit. Ist der Dödel erst mal an der frischen Luft, wird er Ihrer Hand vor Freude folgen, wohin Sie wollen.

Manche Frauen werden ganz konfus angesichts der verschiedenen Arten von Unterwäsche, die derzeit so unterwegs sind. Bei Boxershorts oder Slips ziehen Sie den Gummizug zurück und das gute Stück *oben* heraus; versuchen Sie nicht, ihn durch den Eingriff zu bugsieren. Und versuchen Sie sich auf keinen Fall an den saublöden, sich mehrfach überlappenden Schlitzen der Abteilung Feinripp.

So, inzwischen sind wir glücklich im Schlafzimmer angekommen, und das ganze Beischlafzubehör, über das wir in Kapitel 2 gesprochen haben, ist hoffentlich an seinem Platz. Bevor Sie gleich mit ihm ins Bett steigen, gibt es noch ein paar nicht unwesentliche Kleinigkeiten zu bedenken. Zum Beispiel: Sind Sie Links- oder Rechtshänderin? Kein Witz! Denn wenn Sie beide nebeneinander liegen und Sie sind Rechtshänderin, dann liegen Sie am besten rechts von ihm. Und umgekehrt. So gesehen müßte der perfekte Partner eigentlich Beidhänder sein. Wenn das nicht zutrifft, legen Sie sich einfach auf die Seite, auf der Sie sich wohl fühlen. Wenn Sie Glück haben und nicht an einen dieser *Jetzt-besorgs-mir-mal-schön-Prinzen* geraten sind, stehen die Chancen sowieso gut, daß Sie im Verlauf der nun folgenden Veranstaltung irgendwann auf dem Rücken landen.

Nehmen wir mal an, er ist ein Gentleman: dann macht er sich alsbald daran, Sie ein bißchen mit den Händen zu verwöhnen; Sie haben Glück, wir wünschen von hier aus viel Vergnügen!

Über kurz oder lang sind dann Sie an der Reihe, es ihm ein bißchen manuell zu besorgen, dann wird die *Auf welcher Seite lieg' ich?*-Frage aktuell. Falls Sie die Seite wechseln müssen, krabbeln Sie am einfachsten über ihn drüber und versüßen Sie ihm die Wartezeit mit einem ausgiebigen Kuß. Wenn Sie drüben angekommen sind, machen Sie sich über ihn her. Das mag alles in allem ein bißchen kompliziert klingen, in Wirklichkeit ist es aber ganz einfach: Nehmen Sie einfach den Taktstock in die Hand, der Rest ergibt sich dann ganz von selbst.

Sanftes Gleiten

Im Gegensatz zu Frauen verfügen Männer nicht über ein eingebautes Gleitmittel. Ihre Handarbeit funktioniert auch trocken, allerdings müssen Sie das Ding dann sehr vorsichtig anfassen. Ein ideales Gleitmittel fürs Vorspiel ist Ihr eigener Speichel, vor allem wenn Sie anschließend einen Verkehr mit Kondom planen; bei handelsüblichen Gleitmitteln kann es durchaus vorkommen, daß das Latex Schaden nimmt.

Schwule finden nichts dabei, ein paar Tröpfchen Speichel auf das Geschlechtsteil des Partners zu spucken. Wenn Ihnen das zu wenig damenhaft erscheint, spucken Sie in Ihre Hand und reiben seine Latte damit ein.

Handwerk hat goldenen Boden

Wir hören immer wieder mit Verwunderung, wie viele Frauen das Kapitel *Handarbeit* in ihrem sexuellen Alltag einfach sträflich vernachlässigen. Erst kürzlich rief uns ein Freund an und bedankte sich überschwenglich, weil seine

Frau ihm endlich wieder mal nach allen Regeln unserer Kunst einen runtergeholt hatte. Er schwärmte, er fühle sich wieder wie siebzehn, im angenehmen Sinne zurückversetzt in seine Schulzeit. Handarbeit ist – wenn sie gut gemacht ist – eine wundervolle Alternative und kann, mit anderen Aktivitäten kombiniert, ein Quell ungeahnter Freuden sein.

Irgendwann im Verlaufe einer solchen manuellen Stimulation sollten Sie übrigens seinem Lümmel etwas Feuchtigkeit gönnen. Zu diesem Zweck gibt es allerlei Hilfsmittel zu kaufen, die jeder Homosexuelle aus dem Effeff kennt. Frauen benutzen Gleitmittel eher widerwillig, Männer benötigen sie fast zwangsläufig. Eine Pumpflasche auf dem Nachttisch erweist Ihnen dabei wunderbare Dienste, denn Sie können sich einhändig bedienen, wann immer Sie ein paar Spritzer benötigen. Das Zeug sollte in jedem Fall unparfümiert sein. Kein Mann riecht gerne nach Fichtennadel oder Fenjala. Im übrigen ist so eine Bodylotion neben dem Bett eine unverfängliche Angelegenheit. Sie dient schließlich Ihrer Körperpflege. Wenn ein Schwuler eine solche Flasche in Bettnähe ausmacht, ist für ihn in Sekundenschnelle alles klar. Die meisten Heteros gehen im gleichen Falle erst mal davon aus, daß Sie Ihre Haut mit besonderer Hingabe pflegen. Aber was kümmert Sie, was er denkt?

Wieviel Gleitmittel Sie benötigen, hängt davon ab, wie hart Sie es ihm besorgen. Wie hart er es besorgt haben möchte, merken Sie an seiner Reaktion. Die harte Variante ist auch harte Arbeit, verlangt hohe Geschwindigkeit und hohen Druck und somit viel Öl oder Lotion. Die sanfte Tour ist naturgemäß weniger Arbeit, verlangt weniger Druck und somit auch weniger Feuchtigkeit. Ein letztes Wort zu diesem Thema: Zu viel ist ungesund! Wenn Sie den Riemen zu großzügig einfetten, wird er glatt wie ein Aal, der Mann spürt praktisch gar nichts mehr, und Sie verschwenden Ihre Kunst.

Vom richtigen Schütteln der Palme

Die Bedeutung guter Handarbeit kann man nicht genug hervorheben. Es ist ein bißchen wie mit Ihrer Lieblingskneipe um die Ecke; immer nah, immer gut – deswegen gehen Sie immer wieder hin. Üben Sie ein bißchen mit uns, wie man ihn am besten anpackt, und Sie haben bald mehr willenlose Männer in Ihrer Entourage als die Schöne Helena.

Die wichtigsten Stichworte zum Thema sind schnell gegeben: Rauf und Runter. Ihr erster Reflex könnte jetzt sein, den Penis wie einen Türgriff anzupacken. Dem widerstehen Sie bitte. Wenn Sie nebeneinander liegen, sollte der Handrücken Ihrer Arbeitshand auf seinen Magen zeigen. Ihre Finger vorne, Ihr Daumen nach unten, alles zusammen bildet einen festen Ring um sein Ding. Mit der anderen Hand umfassen Sie seinen Willi ganz unten, die Finger flach auf seinem Schamhaar, Ihr Daumen drückt kräftig auf die Peniswurzel. Daumen und Zeigefinger dieser Hand formen ein »L«. Der konstante Druck auf die Wurzel, etwa so fest, als wollten Sie eine Drehtür bewegen, tut ihm gut, hält ihn hart und läßt seinen Dödel größer aussehen als eine Cruise-Missile. Zumindest aus seiner Perspektive. Jetzt bewegt sich Ihre Arbeitshand von unten nach oben; wenn sie oben angekommen ist, folgt eine Drehung, Ihre Handfläche streicht über die Eichel, dann geht es wieder nach unten. Dabei lassen Sie den Hautkontakt nur so kurz wie unbedingt nötig abreißen,

Ihr neuer Freund mag in dieser Phase keine Sekunde alleine dastehen.

Ihre nächste Frage könnte lauten: *Wie* fest darf ich ihn denn überhaupt drücken? Die Antwort ist: Fester, als Sie wahrscheinlich glauben. Versuchen Sie es doch mal mit einer Packung KNACK-UND-BACK-FERTIGTEIG. Die ist zwar dicker als die meisten Lümmel, die Ihnen im Laufe Ihres Lebens begegnen werden, aber mit der Konsistenz ist es ähnlich. Drücken Sie die Packung fest genug, um sie leicht zu verformen, aber nicht so fest, daß Sie eine Beule hinterlassen. Wenn Sie diese Übung gemeinsam mit ein paar Freundinnen durchexerzieren, können Sie hinterher noch bei Kaffee und frischgebackenen Brötchen zusammensitzen. Für Ihren Freund oder Mann lassen Sie einfach eins übrig.

Es gibt drei Grundpositionen für Ihre Handarbeit: Nebeneinander; er kniet über ihr; sie hockt zwischen seinen Beinen. Die Bewegungen sind in allen drei Positionen ungefähr gleich, die Unterschiede sind minimal.

Nebeneinander

Nicht unbedingt die bevorzugte Stellung der homosexuellen Gemeinde, aber bei heterosexuellen Paaren sehr beliebt. Hier empfiehlt sich die bereits beschriebene Rauf-Runter-Methode, Ihr Handrücken ist seinem Bauch zugewandt.

Mann kniet über Frau

Bei Schwulen sehr beliebt. Sie liegt mit angewinkelten Beinen auf dem Rücken, er kniet über ihr, Schwanz und Eier baumeln etwa auf der Höhe ihres Magens. Sie legt in der beschriebenen L-Form Hand an ihn. Bei dieser Rauf-Runter-Variante zeigt der Handrücken Ihrer Arbeitshand auf *Ihren* Bauch. In dieser

Stellung haben Sie beide eine beneidenswerte Sicht auf seinen Zuckerhut, außerdem hat er die Möglichkeit, sich auch ein bißchen an Ihnen zu schaffen zu machen, eine Hand an Ihrem Busen und die andere ... woanders. Natürlich erfordert das ein gewisses Koordinationsvermögen seinerseits, aber das Buch, in dem er *das* lernt, soll er sich gefälligst selbst besorgen. Diese Stellung wird durch ein wenig beiderseitige Beckengymnastik nur noch interessanter.

Zwischen seinen Schenkeln

Eine weitere Qualitätsstellung nennt sich »Polieren auf französisch«. Dabei liegt er auf dem Rücken, Beine gespreizt, Sie kniet dazwischen. Während sie die bewährte Rauf-und-Runter-Methode an ihm vollführt und mit der anderen Hand die Peniswurzel drückt, kann er in aller Ruhe seiner Nudel beim Wachsen zukucken. Was sagte Adam zu Eva, als er seine erste Erektion bekam? *Tritt einen Schritt zurück, ich hab' keine Ahnung, wie groß das Ding noch wird!* Keine Ahnung, warum Männer über diesen Witz immer wieder lachen müssen.

Variationen über ein Thema

Natürlich ist die klassische Rauf-Runter-Technik das A und O, aber vielleicht möchten Sie ja hie und da mal eine kleine Variante einflechten. Leichtes Reiben der Rückseite der Eichel – nicht der Spitze und nicht der Vorderseite – mit der flachen Hand wäre zum Beispiel eine. Dieser Teil der Eichel ist wahrscheinlich der empfindlichste Teil des ganzen Penis. Bei den meisten Männern können Sie mit diesem Handgriff Zittern, Stöhnen und Beben auslösen, ähnlich dem Wohlbehagen eines Hundes, wenn Sie ihm den Bauch reiben und seine Beine anfangen zu zucken. Aber Vorsicht, praktizieren Sie es nicht zu ausführlich, sonst bekommt Ihr Spielkamerad vor lauter Freude einen vorzeitigen Organismus.

Oder Sie formen mit Daumen und Zeigefinger einen Ring um seinen Willi. Wenn Sie den dann bewegen, wird ihn das an echten Geschlechtsverkehr erinnern. Greifen Sie ruhig fest zu; das Gefühl, wenn seine Eichel durch den Ring vor und zurückwandert, wird ihn vollkommen balla balla machen.

Oder Sie fassen ihn nach allen Regeln der Kunst an die Glocken: Ihre Hand – die Handfläche zeigt nach oben – befindet sich unter seinem Sack und mit Daumen und Zeigefinger machen Sie vorsichtig eine Bewegung, als würden Sie die Tüte oben zuhalten. So haben Sie seine Eier voll im Griff. Wenn Sie das Ganze jetzt leicht Richtung Erdmittelpunkt ziehen, wird sein Willi anfangen sich nach der Decke zu strecken; außerdem bekommt der Sack dadurch eine angenehm weiche Konsistenz, so daß Sie ihn nach Herzenslust kneten können.

Wenn Sie sich besonders mutig fühlen, stecken Sie ihm doch mal einen Finger in den Po. Tun Sie etwas Gleitmittel auf den Finger, massieren Sie ein wenig seine Hinterlandschaft und führen Sie ihn langsam ein. An seiner Reaktion können Sie ablesen, wie weit Sie gehen sollen. Es ist möglich, daß er sich zu Tode erschreckt, ebensogut, daß er um *mehr... mehr ... mehr* bettelt.

Jetzt müßte Ihr Galan aber allmählich genug Saft auf der Pfeife haben. Kurz bevor es ihm kommt, Sie merken das daran, daß er anfängt zu hyperventilieren und seltsame Fratzen zu schneiden, gehen Sie zur Ring-Technik über, und zwar mit schnellen Bewegungen und viel Druck. Die zweite Hand bleibt, wo sie ist. Er wird anfangen die Hüften zu bewegen, passen Sie auf, daß Ihnen dabei der Dödel nicht aus der Hand flutscht. Bald werden Sie ihn ekstatisch aufstöhnen hören. Wenn Sie merken, daß es ihm gleich endgültig kommt, lockern Sie Ihren Griff. Wenn er anfängt zu zittern, mit den Armen zu rudern und unverständliches Kauderwelsch zu reden, lassen Sie ganz los.

Ein paar Gedanken über den Weitwurf

Bei unseren Gesprächen über den Orgasmus haben wir festgestellt, daß – was die Wahrnehmung der Ejakulation als solcher angeht – der Unterschied zwischen Männern und Frauen größer nicht sein könnte. Danny redete pausenlos davon, wie toll es sei, zuzusehen, wenn es passiert; Maggie betonte, daß das Frauen vollkommen wurscht ist. Eine kleine Umfrage unter Frauen, Schwulen und Heteros ergab, daß beide recht haben. Männer kucken sich für ihr Leben gern beim Ejakulieren zu, und zwar unabhängig von ihren sonstigen sexuellen Vorlieben. Frauen verstehen größtenteils nicht, was daran so toll sein soll.

Was die meisten Mädels nicht wissen ist, daß Männer ihre Wurfweite mit einem gewissen olympischen Ehrgeiz betrachten. Und auch wenn sie nicht die geringste Chance haben, jemals wie der Diskuswerfer eine Goldmedaille zu gewinnen: Nach ein paar Drinks erzählen sie von ihrem längsten Schuß mit jener überschwenglichen Nostalgie, die wir sonst nur von Anglern kennen. Einer unserer Bekannten war von der Fähigkeit seines Mitbewohners, die Zimmerdecke zu beflecken, so beeindruckt, daß er noch dreißig Jahre später davon erzählte. Wundern Sie sich also nicht, wenn Ihr Partner plötzlich auf das Monet-Poster über Ihrem Bett zielt.

6.

»Können Sie pfeifen? Dann können Sie auch …«

Was hat es mit dieser Sache auf sich, für die die meisten Männer bereitwillig ihr Leben geben würden? Dieser Aktion, die aus einem knallharten Geschäftsmann in Nullkommanix einen schluchzenden Idioten macht? Dieser Sache, die einen Professor der Linguistik zu Formulierungen wie »Uah, uah, uah…« verleitet? Sie haben es längst erraten – es geht um einen gut gemachten Blowjob.

Was ist es nun genau, was dieses Verkehrsmittel so sagenhaft populär macht? Erstmal ist es einfach ein tolles Gefühl. Zum zweiten haben die Jungs den Vorteil, ihn gleichzeitig zu erleben und dabei zusehen zu können. Und drittens kommt er natürlich dem angeborenen Phlegma der Männer entgegen.

Eine Bekannte von uns hat ihre Meinung zum Thema Oralsex in einfache Worte zusammengefaßt: *Ich nehme nichts in den Mund, was ich nicht mit dem Messer schneiden kann.* Vielleicht ändert sie ihre Meinung eines Tages ja noch. Eine Menge berühmter Frauen der Geschichte haben ihr orales Geschick dazu benutzt, kräftig in der Politik, in der Hochfinanz oder im Adel mitzumischen. Mit ein bißchen oraler Könnerschaft legen Sie jeden aufs Kreuz. Karl Arsch von der Ecke ebenso wie Graf Koks.

Ohne etwas davon zu ahnen, hatte ein guter Freund von uns, Jim, den Ruf, der beste Mundarbeiter der ganzen Stadt zu sein. Erfahren hat er es erst im Salon von Jonathan, unserem Friseur, der wiederum kurz zuvor auf einer Party war, wo Jim als einer der begehrtesten Männern der Stadt Gesprächsthema war. Irgend jemand hat indiskreterweise herausposaunt, daß Jim bläst wie ein junger Gott. Jonathan, der zu Jim bisher naturgemäß nur ein Waschen/Schneiden/Legen-Verhältnis hatte, konnte sich das kaum vorstellen. Erst als zwei weitere Partygäste eidesstattlich versicherten, daß Jim auf Platz eins in ihrem persönlichen Blasbüchlein rangierte, war Jonathan überzeugt. Von dem Tag an wurde Jim in Jonathans Salon eine Vorzugsbehandlung zuteil.

Schon der Gedanke an eine gute Blaserei kann einen Mann schon aus der Fassung bringen. Frederica, eine gemeinsame Freundin, hat eine hervorragende Methode gefunden, auf Parties für Aufregung zu sorgen: während sie demonstriert, wie sie mit Hilfe ihrer geschickten Zunge einen Knoten in den Stiel einer Kirsche machen kann, ist sie regelmäßig von erwartungsvollen Freiern umzingelt. Gelegentlich braucht sie ihr Kunststück noch nicht einmal vorzuführen. Die Schilderung allein reicht, um die Jungs in helle Aufregung zu versetzen. Unnötig zu erwähnen, daß Frederica außerordentlich beliebt ist …

Die Grundlagen des Oralverkehrs

Ein verbreiteter Irrglaube unter Männern ist: je voller die Lippen der Frau, desto genußvoller wird die Aktion. Wir meinen: So ein Quatsch. Nicht die Fülle ist wichtig, sondern das, was man mit diesen Lippen anstellt.

Beim Gelingen eines guten Blowjobs spielen Ihr Kopf, Ihre Hände und Ihr Mund eine große Rolle. *Sie* haben für eine gewisse Zeit die vollkommene Kontrolle über den sensibelsten Teil seines Körpers. In seinem tiefsten Innern weiß Monsieur, daß Sie ihn in einer Nanosekunde ausknocken könnten. Mit seinem Lümmel verbindet Sie in diesem Moment eine Art vertrauensvolle Freundschaft, und so sollten Sie ihn auch behandeln. Also mit Respekt und Zuneigung. Señor wird spüren, ob Sie es ernst meinen oder nicht.

Wir können die positive Grundeinstellung in dieser Sache gar nicht genug betonen. Wenn Sie sich an seinem Schwanz zu schaffen machen, darf der dazugehörige Mann auf keinen Fall fürchten, daß Sie das nur tun, weil Sie zuvor zu tief ins Glas geschaut haben. Aktivitäten dieser Art erfordern Ihre volle Konzentration und Hingabe.

Viele Leute glauben, die wichtigste Tätigkeit beim oralen Sex wäre das Saugen. Das stimmt so nicht, denn ein Pimmel ist kein Lutscher. Wenn er bekommen soll, was er sich ersehnt, müssen Lippen, Zunge und Hände mithelfen.

Sollte seine Nudel anfangs noch weich sein, nehmen Sie das ganze Ding in den Mund und nuckeln Sie nach Herzenslust daran herum. Versuchen Sie auf keinen Fall die Rauf-und-Runter-Methode, bevor er nicht mindestens einen Halbständer vorweisen kann. Daumen und Zeigefinger als Ring um seine Peniswurzel wirken auch in diesem Fall Wunder.

Bevor Sie richtig loslegen, nehmen Sie einen Schluck aus dem Wasserglas auf Ihrem Nachttisch. Knien Sie zwischen seinen Schenkeln, so können Sie am besten seinen Schniedelwutz bestaunen. Fassen Sie das Ding unten an, lecken Sie es von oben nach unten, dann umgekehrt. Lassen Sie die Spitze in den Mund gleiten, Ihre Lippen sollten dabei Ihre Zähne bedecken, und lecken Sie den sensiblen Punkt unterhalb der Eichel. Anfängerinnen sind oft zu schnell und züngeln wie eine Schlange, Ihre Leckgeschwindigkeit sollte eher die sein, mit der Sie eine Kugel Krokanteis bearbeiten würden.

Halten Sie Ihre Zähne weiterhin bedeckt, behalten Sie den Druck bei und nehmen Sie den Spargel so weit in den Mund, wie es eben geht. Viele Frauen gehen erst vorsichtig rauf und runter und lassen ihn jedes Mal ein bißchen weiter rein. So arbeiten Anfänger! Zeigen Sie ihm lieber gleich, was Sie mit ihm vorhaben. Achten Sie darauf, daß Ihre Nacken- und Kiefermuskeln so entspannt wie möglich bleiben. Versuchen Sie, nur durch die Nase zu atmen. Sie entscheiden, wieviel Raum Sie ihm geben. Jetzt lassen Sie den alten Hugo mal ein bißchen an die Luft, bis zur Furche oben an der Eichel. Wenn Ihre Lippen über die Eichel streichen, wird er ganz zappelig werden. Jetzt geben Sie das Instrument für eine Sekunde frei, und lassen es dann wieder ganz hinein. So fällt auch für Sie eine kleine Pause zum Luftholen ab.

Machen Sie mit der Rauf-und-Runter-Nummer weiter, und zwar so langsam Sie können. Wenn Ihnen langweilig wird – normalerweise ist das nach zwei, drei Minuten der Fall –, nehmen Sie die Hand zur Hilfe. Mit der einen Hand halten Sie sein Ding sowieso die ganze Zeit unten fest, damit es in Position bleibt. Mit Daumen und Zeigefinger der anderen formen Sie einen Ring um seinen Schwanz und folgen dem Auf und Ab Ihrer Lippen. Behalten Sie die Zeitlupengeschwindigkeit bei. Vergessen Sie nicht, gelegentlich zu atmen. Wenn Sie ihn zwischendurch mal wimmern hören wollen, lassen Sie die filigrane Ring-Technik sausen, und fangen Sie das große Rauf-und-Runter an, und zwar in der kombinierten Hand-Mund-Variante. Bleiben Sie aber langsam, sonst singt der feine Herr das große Hallelujah früher, als es Ihnen lieb ist.

Vergessen Sie über all dem nicht, sich auch ein bißchen um seine Nippel zu kümmern, falls er das mag (siehe

Kapitel 4). Auf diese Art und Weise haben auch Sie etwas Abwechslung. Unterhalten Sie den Pillermann weiterhin mit etwas Handarbeit, lassen Sie derweil Ihren Mund an der Innenseite seiner Schenkel entlangwandern, an seinem Bauch und über die empfindliche Stelle, wo die Schenkel in den Leib übergehen. Dort schlecken Sie zur Auflockerung etwas herum und massieren alles, was Ihnen gefällt, mit den Lippen (siehe Kapitel 4 & 7). Wenn Sie diese Aktion mühelos meistern, wird es nicht mehr lange dauern, bis Sie gleichzeitig seinen Schwanz im Mund haben, mit der einen Hand seine Nippel bearbeiten und mit der anderen seine Klöten schaukeln.

Wollen Sie ihn zur Abwechslung mal etwas quälen? Dann machen Sie ihm den *Stop and Go*. Wenn Sie das Gefühl haben, daß ihm Ihre Mundarbeit gerade am besten gefällt, hören Sie kurz auf, ein paar Sekunden nur, und machen Sie anschließend um so beherzter weiter. Das wiederholen Sie so lange, bis Sie sein flehentliches »weiter, weiter…« nicht mehr hören können.

Fortgeschrittene Techniken

Die orale Pennälerbank haben Sie nun lange genug gedrückt, es wird langsam Zeit, mal einen kleinen Blick in den Fortgeschrittenenkurs zu werfen. Einige der folgenden Positionen mögen *ihm* etwas ungewöhnlich vorkommen. *Ihre* Bewegungen bleiben dabei jedoch im großen und ganzen dieselben, egal welche Verrenkung Sie gerade vollführen. Gelegentlich ändert sich das Ausmaß der Kontrolle, die Sie über ihn haben. Achten Sie bei einem größeren Stellungswechsel darauf, daß der Kontakt nicht ganz abreißt; massieren Sie ihn, küssen Sie ihn, wenn Ihnen danach ist, und streicheln Sie immer wieder seinen Willi.

Nebeneinander

Das ist eine Stellung die für beide, den Bläser und den Geblasenen gleichermaßen komfortabel daherkommt. Nebeneinander bedeutet nicht, daß Sie sich exakt gegenüber liegen müssen. Er liegt auf der Seite, seine Erektion zeigt in Ihre Richtung. Sie liegen ebenfalls auf der Seite, nur daß sich Ihr Gesicht ungefähr auf der Höhe seines Penis befindet. Diese Position hat den Vorteil, daß Sie den Nacken entspannen können, schließlich liegt Ihr Kopf auf dem Bett beziehungsweise auf einem Ihrer sauteuren Kissen. Ihm wird diese Stellung sowieso gefallen, weil sie ihm genügend Bewegungsfreiheit für seine Hüften läßt. Wenn er übrigens anfängt, dieselben rhythmisch zu schwingen, achten Sie bitte unbedingt auf Ihre Atmung. Holen Sie immer dann Luft, wenn das Ding mundauswärts unterwegs ist, andernfalls …

69

Die Stellung 69 genießt in unserer Gesellschaft offensichtlich Kultstatus. Selbst erwachsene Männer können diese Ziffernfolge nicht ohne ein verschämtes Kichern aussprechen. Sogar bei den schwulen Bingo-Meisterschaften scheint es Pflicht, wann immer der Spielleiter *0-69* ruft, kollektiv aufzuspringen und *Oh, 69!* zu skandieren. Wir alle wissen, wie diese Stellung aussieht. Schwule Porno-Heftchen sind voller heißer Stories, in denen der, der unten liegt, auf den Waschbrettbauch desjenigen starrt, der heute den oberen Job hat, und Liegestütze über dem Schwanz seines Mitspielers macht. Aber Homosexuelle wissen auch, daß einem diese 69-iger Nummer oftmals eine ziemliche Akrobatik abverlangt, deswegen praktizieren sie sie in Wirklichkeit seltener, als uns diese Heftchen glauben machen wollen. Wenn, zum Beispiel, der Mann mit einem Steifen oben ist, gibt es jede Menge Probleme das Ding im korrekten Winkel in den Mund zu kriegen. Und wenn Sie oben sind, muß der andere groß genug sein und Sie klein genug, damit alle Teile irgendwie ineinanderpassen.

Gehen wir mal davon aus, daß Sie von der Größe her zusammenpassen und Sie oben sind. Schieben Sie ihm ein Kissen unter den Hintern und bitten Sie ihn die Beine anzuwinkeln, damit Sie leichter an seinen Eumel kommen. Schieben Sie auch ein Kissen in den Nacken. Nehmen Sie probeweise auf seinem Brustkorb Platz und beugen Sie sich nach vorne, um Ihre oralen Pläne zu verfolgen. Schlagen Sie ihm vor, währenddessen Ihren Rücken und Po zu massieren, schließlich hat er beides die ganze Zeit voll im Blick. Wenn Sie Glück haben, hat er ein bißchen Phantasie und findet von alleine raus, was er noch alles mit seinen Händen anstellen kann. Bedenken Sie bitte, daß Sie sich seiner pulsierenden Zierde diesmal von der anderen Seite nähern. Dieser neue Winkel kann von Vorteil oder von Nachteil sein, das hängt ganz von seiner Ausrüstung ab. In jedem Fall ist die Penetration größer, Ihre Kontrolle über die Situation ebenfalls. Komplett vergessen können Sie diese Stellung, wenn entweder er ein Riese oder sein bestes Stück nur ein Zwerg ist.

Für zwei Stellungen muß der Partner aufstehen. Die erste ist ziemlich einfach. Wir alle kennen diese Filme, wo dem Mann die Hose um die Knöchel baumelt, während sich irgend jemand ganz schrecklich an ihm zu schaffen macht. Diese Spielart der oralen Aktivität findet im allgemeinen statt, bevor das Bett überhaupt erreicht wurde, und kann tatsächlich ziemlich aufregend sein. Noch aufregender wird es, wenn Sie dabei ein wenig an seinen Nippeln oder Eiern herumfingern. Wir empfehlen dieses Vergnügen, allerdings nur, um den Kerl bei der Stange zu halten und die Aktivitäten rechtzeitig ins Bett zu verlagern. Andernfalls kann es passieren, daß Ihr Gegenüber schießt, bevor Sie noch den Verschluß Ihres BH aufhaben.

Die zweite Stellung, bei der *Er* stehen muß, eignet sich beispielsweise als Intermezzo in einem ausführlichen Vorspiel. Es kann passieren, daß er ein bißchen hilflos aus der Wäsche guckt, weil er nicht sofort begreift, was Sie mit ihm vorhaben. Er steht also da und Sie streicheln wie gewohnt seinen Lümmel, während Sie Ihre Position einnehmen. Die Grundstellung geht so: Ihr Liebhaber steht neben dem Bett, das hoffentlich groß genug ist, während Sie sich rücklings quer übers Bett legen und den Kopf über die Bettkante hängen lassen. In Ihrer alten Studentenbude mit der auf der auf dem Boden liegenden Matratze funktioniert diese Stellung natürlich nicht. Durch den leicht nach hinten geneigten Kopf entsteht ein Winkel, der Ihr Vorhaben erleichtert. Bedenken Sie dabei aber, daß diesmal *er* es sein wird, der Ihnen das Gemüse in den Mund steckt, und Sie dabei die Situation etwas weniger unter Kontrolle haben als sonst. Legen Sie Ihre Hände auf seine Oberschenkel, so können Sie regulierend eingreifen, wenn er anfängt sich schlecht zu benehmen. Falls er ein Gentleman ist, nutzt er die Situation aus, beugt sich vor und massiert ein wenig Ihre wunderschön präsentierte ... Figur. Aber vergessen Sie nicht, daß Sie während der ganzen Zeit mit dem Kopf nach unten daliegen. Bleiben Sie nicht allzulange in dieser Position, sonst kann es passieren, daß Sie ohnmächtig werden. Und das kann bekanntlich auch den schönsten Abend blitzschnell ruinieren.

Kleine Extras

Es gibt ein paar kleine Extras, die an dieser Stelle erwähnenswert sind. Sie können sie jederzeit in jedes konservative Blasorchester integrieren. Kleine Abwechslungen bringen ja bekanntlich Leben in die Bude.

Die Pimmel-Peitsche

Keine Sorge. Wir kommen Ihnen jetzt nicht mit Lederpeitschen und Sado/Maso-Zeug. Vielleicht wäre der Pimmel-Patscher der treffendere Ausdruck, ein bißchen seltsam klingt das aber auch. Die Bewegung ist ganz einfach: Sie entlassen Ihren kleinen Freund aus Ihrem Mund, greifen zu und lassen ihn ein paarmal *sanft*, und wir meinen *sanft*, gegen Ihre Wange schlagen. Wenn Sie das Gefühl haben, daß es ihm gefällt, gehen Sie etwas härter vor. Das hat nichts mit rauhem oder gar brutalem Sex zu tun, es ist lediglich eine kleine, feine Variante, ein gutes Gefühl, das Sie einbauen können, wenn

Ihnen gerade danach ist. Außerdem verschaffen Sie sich dadurch eine kleine Pause zum Durchatmen.

Der Summer

Der *Summer* ist eine weitere kleine, harmlose Spielerei, mit der Sie *ihn* mal verblüffen können. Wenn Sie, während Sie ihm einen blasen, ein wenig brummen oder summen, beginnt Ihr Hals leicht zu vibrieren, und diese Schwingungen übertragen sich auf seinen Dödel. Damit wir uns richtig verstehen: Sie sollen keineswegs *Dont cry for me Argentina!* rauf und runter singen. Ein wenig Gesumme in Ihrer Kehle genügt vollauf. Ändern Sie zwischendurch mal die Tonlage, falls Sie sich langweilen.

Der Kribbler

Für den *Kribbler* brauchen Sie ein Glas Wasser auf dem Nachtisch. Nehmen Sie ein wenig Flüssigkeit in den Mund. Wenn Sie sich jetzt wieder über Ihren Freund beugen, lassen Sie ein paar Tropfen langsam an seinem Rohr herunterlaufen. Bei ihm erzeugt das ein Gefühl, das ihn restlos aus dem Häuschen bringt. Und für Sie ist es eine angenehme Erfrischung außer der Reihe.

Zu guter Letzt kann das stets bereitstehende Glas mit Eiswasser nützlich werden. Während Sie zwischen Ihren oralen Aktivitäten einen verdienten Schluck Wasser trinken, nehmen Sie auch einen kleinen Eiswürfel in den Mund. Wenn Sie sich dann wieder über den dicken Onkel hermachen, wird die Kombination kalter Eiswürfel/warmer Mund bei Ihrem dankbaren Gespielen zirkusreife Gefühlsausbrüche hervorrufen. Darüber hinaus hält das langsam in Ihrem Mund schmelzende Eis seine Fahnenstange schön feucht.

Schlußbemerkung

An dieser Stelle möchten wir ein paar Worte zu der berechtigten Angst vor dem Würgereiz sagen. In der Tat gibt es Momente, wo man sagen muß: *Kleiner ist besser.* Wir können Ihnen leider kein Patentrezept für das Problem anbieten. Eine wichtige Rolle spielt Ihr Allgemeinbefinden. Ebenso die Art und Weise, wie Sie atmen und die Situation empfinden. Unsere Tips sollen Ihnen helfen, die Sache selbstbewußt und locker in die Hand oder in den Mund zu nehmen, egal wie sie ist, und an wem sie hängt. Entspannen Sie sich also. Ihr erster Reflex, wenn sich ein harter Schwanz in Ihren Mund schiebt, dürfte Anspannung sein. Vergessen Sie aber nie, daß seine Nudel sich bei Ihnen nur wohl fühlt, wenn auch Sie sich wohl fühlen. Atmen Sie tief ein, wenn Sie den Mund frei haben, und durch die Nase wieder aus, wenn dies gerade nicht der Fall ist.

Eine Bemerkung zum Thema Runterschlucken

Homosexuelle Männer schlucken es nie runter. Ja, Sie haben richtig gelesen. Das mag vielleicht nicht hundertprozentig stimmen, aber der allergrößte Teil tut es nicht. Erstens ist es nicht gerade »Safer-Sex«, und zweitens bringt es einen um den Kitzel, den Partner ejakulieren zu sehen. Wir wissen, daß dieser Anblick für die meisten von Ihnen ungefähr so aufregend ist wie ein National-Geographic-Sonderheft über stellungslose Pinguine. Und Maggie behauptet steif und fest, daß ihr das Thema am Arsch vorbeigeht. Wir wollten es ja auch nur gesagt haben.

Runterschlucken oder nicht scheint für Frauen ein schwieriges Thema zu sein. Dabei liegt die Lösung doch eigentlich auf der Hand: Tun Sie einfach *nie* irgendwas, was Sie nicht tun *wollen*. Schlucken Sie, wenn Sie wollen. Und wenn Sie sich entschließen, es nicht zu tun, dann ist das mit Sicherheit keine Entscheidung, für die Sie sich bei irgend jemandem entschuldigen müssen.

7.

Das Ballspiel

Herzlichen Glückwunsch! Ihre Grundausbildung am Penis ist abgeschlossen. Achten Sie bitte darauf, daß Sie nicht aus der Übung kommen. Der schnelle Atem und die regelmäßigen Lustschreie Ihres Partners werden Sie von nun an ständig begleiten, denn Sie wissen, was er besonders mag. Eventuell wird er es eines Tages sogar mal aussprechen. Aber rechnen Sie besser nicht damit, Männer, egal ob schwul oder hetero, gehen mit lobenden Worten bekanntlich so sparsam um wie Kantinenköche mit Kaviar.

In diesem Kapitel möchten wir Ihnen etwas näherbringen, von dem Frauen – so vermuten die meisten Männer – nicht viel verstehen. Männer begreifen nicht, warum Frauen so zurückhaltend mit ihrem Stolz, ihren *Testikeln,* umgehen. Danny glaubt, es liege daran, daß so oft von der sprichwörtlichen männlichen Angst vor dem Tritt in die Eier geredet wird. Deswegen sollten Sie die Dinger jedoch nicht einfach ignorieren. Nutzen Sie Ihr neu erworbenes Wissen, und behandeln Sie die empfindliche Ware mit der gebotenen Vorsicht. Zugegeben, die Dinger sehen etwas merkwürdig aus, faltig und schrumpelig. Aber trotzdem spielt dieses oftmals mitleiderregend aussehende Säckchen voller Fortpflanzungskrempel im Gefühlsleben Ihres Partners eine Rolle, die man ihm beim besten Willen nicht ansieht. In unserem Bekanntenkreis gibt es einen Herrn, der so unsterblich in seine Eier verliebt ist, daß er in Windeseile zu einem Orgasmus kommen kann, ohne seinen Penis überhaupt angefaßt zu haben. Wir wissen nicht, wie *Sie* darüber denken, aber das öffentliche Image dieser Dinger, die mal gegen Ihren Po, mal gegen Ihr Kinn klatschen, ist nicht das beste.

Die Eier werden oft behandelt wie Cousins vom Lande, die überraschend zu Besuch kommen. Man erkennt sie zwar, ist aber nicht erbaut über ihren Besuch, weil man keine Ahnung hat, was man mit diesen Kerlen anfangen soll. Frauen tendieren dazu, die Eier *komplett* zu übersehen. Das mag an deren Aussehen liegen oder daran, daß Männer, wenn das Gespräch unter Kumpels darauf kommt, meist Sachen sagen wie: *ihm sei wieder jemand mächtig auf die Eier gegangen,* er habe sich dieselben *saumäßig gequetscht* oder ähnliches. Außerdem reden alle – von Sigmund Freud bis zum PLAYGIRL – über männlichen Sex so, als fände der ausschließlich *im Schwanz* statt. Hören Sie auf Ihre schwulen Freunde. Die haben Eier und wissen jede Menge mit ihnen anzufangen. Machen Sie aus den Cousins vom Lande Ihre Ehrengäste. Wir zeigen Ihnen gleich ein paar Gesellschaftsspiele für lange Abende.

Die Eier an und für sich

Wir erwähnten es bereits: es gibt wenige Dinge, die ein Mann mehr fürchtet als einen Tritt in die Eier. Da dies eine wirklich tiefsitzende Angst ist, kann es durchaus sein, daß Ihr Partner erst mal ein wenig nervös wird, wenn Sie anfangen an *den seinen* herumzufummeln. Aber wenn Sie die gebotene Vorsicht walten lassen, wird ihm bald klar werden: Sie haben nicht vor, ihm sein Säckchen abzureißen. Und wenn Sie erst mal den richtigen Griff raus haben, wird er sich bald wünschen, daß Sie ab und zu auch etwas fester zupacken.

Kaum ein anderer Körperteil muß mit solcher Vorsicht behandelt werden wie die Eier Ihres Gockels. Und gerade die Tatsache, daß diese Testikel so empfindlich sind, macht manche Ballspieltechniken erst richtig interessant und spannend. Seien Sie im Zweifelsfall immer lieber übervorsichtig als leichtsinnig. Und obwohl es zwei Eier sind: betrachten Sie sie immer als *eine Einheit*. Versuchen Sie nie, die beiden Dinger zu Spielzwecken zu separieren, denn da hört der Spaß auf. So was tut einfach nur höllisch weh.

Und die Eier als solche

Im Gegensatz zu den ovalen Lebensmitteln, die Sie oben in der Kühlschranktür aufbewahren, gilt hier: Kein Ei gleicht dem anderen. Es gibt ganz weiche, es gibt die flaumig-wuschelige Ausführung, es gibt unzählige Größen und Formen. Und wenn die Herren Träger in die Jahre kommen, beugen sich ihre Testikel auch den Gesetzen der Schwerkraft.

Im Gegensatz zur Größe ihres Schwanzes spielt die Größe ihrer Eier für Männer, egal ob schwul oder hetero, keine allzu große Rolle. Es kursiert zwar ein Gerücht, das besagt, es bestünde ein Zusammenhang zwischen der Größe von Sack und Dödel, aber das halten wir für ein Gerücht.

Ein paar Worte zum Thema Behaarung. In bestimmten homosexuellen Zirkeln ist es Mode, die Darsteller aus den Pornofilmen nachzuahmen, die stets glatte, haarlose Säcke in die Kamera halten. Manche behaupten, ein rasierter Beutel sähe größer aus und sei empfänglicher für Berührungen. Wir hingegen vermuten, daß die Pornoherrschaften ihren Zuschauern ein möglichst komplettes Bild geben wollen. Ein Skrotum dürfte für den Kameramann einfacher auszuleuchten sein, wenn es sich nicht in einem Wald von Schamhaaren versteckt. Ein Filmskrotum ist also meist rasiert und geschminkt, und es gibt Männer, die nicht beim Film arbeiten und trotzdem mit rasierter Tüte herumlaufen. Ein bedauernswerter Freund von uns stiefelte mal eine geschlagene Woche breitbeinig und mit einem höllisch brennenden Sack durch die Gegend, weil er sich in der Drogerie ein superbilliges Enthaarungsmittel hat andrehen lassen. Die meisten Heteros haben mit so was nichts am Hut, also werden Sie in aller Regel mit Haaren konfrontiert sein. Was soll's? Sie haben schließlich auch welche.

Aggregatzustände

Frauen wissen, daß Testikel jederzeit und ohne Vorwarnung ihre Form, ihre Größe, ihre Konsistenz, ja sogar ihre Position ändern können. Es gibt in der weiblichen Anatomie nichts Vergleichbares, Sie werden uns also einfach glauben müssen. Ist der Sack zum Beispiel schön warm, hängen die Kugeln tief und locker. Ist er kalt oder kurz vorm Detonieren, hängen sie ganz oben und dicht zusammen. In der Anfangsphase der sexuellen Erregung sind sie stets locker und empfänglich für Ihre Berührung.

Egal ob behaart oder nicht, jedes Säckchen hat an seiner Unterseite eine kleine Stelle, die so zart ist wie ein Babypopo. Wenn Sie dort streicheln, fängt der dazugehörige Mann an zu stöhnen. Schieben Sie einfach eine Hand unter seinen Sack, und kitzeln Sie ihn mit dem Mittelfinger an ebenjener Stelle. Mit der anderen Hand streicheln Sie seine himmelwärts strebende Trompete. Wir empfehlen das nicht gerade für eine Autofahrt, aber anläßlich eines gemeinsamen Fernsehabends zum Beispiel ist es eine hübsche Art, ihm zu zeigen, daß Sie noch nicht eingeschlafen sind. Seien Sie aber vorsichtig mit Ihren Fingernägeln, sonst kann aus Ekstase schnell Agonie werden.

Die Spieltechnik

Das Wichtigste ist: Fassen Sie Ihn immer so an die Klöten, daß Sie das Paket als Ganzes im Griff haben. Einen bewährten Griff kennen Sie bereits (siehe Kapitel 5). Sie formen aus Zeigefinger und Daumen einen Ring, so als würden Sie eine Tüte zuhalten. Auch hier kann es nicht schaden, am toten Objekt zu üben, bevor Sie sich über ein lebendes hermachen. Da wir keine Freunde fanden, die bereit waren, sich als Versuchskaninchen herzugeben, hat Maggie einen Dummie für unsere Anfaßübungen gebastelt: zwei kleine, geschälte hart gekochte Hühnereier in einer Plastiktüte. Ziel ist es, das Säckchen so in der Hand zu balancieren und zu bearbeiten, daß die beiden Eier zu jeder Zeit nebeneinander liegen.

Wenn Sie die Technik des *Sack-oben-Zuhaltens* erst mal richtig beherrschen, können Sie diese jederzeit als Überraschung einbauen. Genau wie es Frauen gibt, die gerne seine Hand auf ihrer Brust spüren, während die andere – oder sein Mund – sich weiter südlich nützlich machen, stehen eine Menge Männer darauf, wenn sie an Schwanz und Glocken gleichzeitig behandelt werden.

Wenn der Mann auf dem Rücken liegt, und die Frau zwischen seinen Beinen kniet, können Sie ihm zum Beispiel mit der rechten Hand einen runterholen, während die linke den Sack umfaßt und die Unterseite der Eier streichelt. Das funktioniert auch, wenn die Frau auf dem Rücken liegt und der Mann mit gespreizten Beinen auf ihr sitzt. Eine Hand pumpt eifrig, die andere streichelt zärtlich. Seien Sie dabei bitte wachsam, falls Ihr Gesicht in seiner Schußlinie liegt.

Jetzt folgen noch ein paar kleine Tips für Fortgeschrittene: Er liegt auf dem Rücken, Sie lecken, küssen und kitzeln wie gehabt. Der dicke Lümmel beginnt seine Reise Richtung Zimmerdecke. Fassen Sie ihn sanft mit den Fingerspitzen oben an, und lassen Sie die Finger ganz nach unten gleiten, bis über den Sack, ungefähr so als würden Sie Ihre Lieblingskatze streicheln. Es kann passieren, daß sein Schwanz vor Glück derart zu zucken anfängt, daß Sie mit der anderen Hand zufassen müssen, um in Ruhe weitermachen zu können. Bleiben Sie so lange dabei, bis *er* es nicht mehr aushält oder *Sie beide* so rattenscharf werden, daß Sie übereinander herfallen.

Zum Schluß wollten wir Ihnen noch eine Stelle vorstellen, die Sie möglicherweise nicht kennen. Schwule nennen sie einfach *die Stelle*, sie befindet sich zwischen Sack und Hinterteil. Dieser kleine Punkt ist ausgesprochen empfindsam; streicheln oder massieren Sie ihn dort mal ein bißchen, Monsieur wird vielleicht schneller hinüber sein, als Sie Niagarafall sagen können.

Epilog

Bei unserer informellen Umfrage unter Heteros haben erwartungsgemäß viele angegeben, schon mal von einer Frau am Sack geleckt worden zu sein. Keiner der Probanden konnte sich jedoch erinnern, daß je eine Frau seine beiden Eier auf einmal in den Mund genommen hätte. Unsere Freundin Laurie konnte sich nicht vorstellen, den Mund derart voll zu nehmen. Mit unserer *Sack-oben-zuhalte-Technik* und etwas Übung – da gab Laurie uns recht – war das plötzlich überhaupt kein Problem mehr. In homosexuellen Kreisen wird diese sehr beliebte Übung auch gerne *Teebeutelchen* genannt. Am einfachsten funktioniert *Teebeutelchen,* wenn der Mann über Ihnen kniet und sein Gemächt ungefähr auf der Höhe Ihres Gesichts herumbaumelt. Mit einer Hand umfassen Sie oben den Sack, dann lassen Sie den Ring vorsichtig herunterwandern, bis die Eierchen hübsch nebeneinander kuscheln. Bedecken Sie Ihre Zähne aus Sicherheitsgründen mit den Lippen, nehmen Sie die ganze Portion in den Mund und walten Sie Ihres Amtes. Wir garantieren Ihnen, daß er Sie augenblicklich zur verruchtesten Gespielin erklärt, die er je hatte. Er wird sich – hoffentlich – extra ins Zeug legen, wenn es später darum geht, nach allen Regeln der Kunst an Ihrer Tür zu läuten.

8.

Der kleine Kondom-Kurs

Warum?

Wenn Sie die letzten zehn Jahre nicht in irgendeinem Keller verbracht haben, wissen Sie, daß Kondome nicht nur längst wieder hoffähig geworden, sondern geradezu ein MUSS sind. Abgesehen davon, daß man sie aufblasen und die kleine Schwester damit erschrecken, oder mit Wasser füllen und dem Mathelehrer ins Fenster werfen kann, sind sie noch für zwei weitere Dinge gut: Sie schützen vor Krankheiten und vor Schwangerschaft. Wenn Sie weder das eine noch das andere fürchten müssen: Herzlichen Glückwunsch. Wenn Sie sich lieber an eine der gummifreien Safer-Sex-Alternativen halten möchten, die wir noch vorstellen werden – bitteschön. Für alle, die der Latex-Realität ins Auge sehen müssen, haben wir die folgenden Tips zusammengestellt.

Wer

Eine alte Bauernweisheit sagt: Findet es bei ihm statt, muß *er* für die Gummis sorgen. Und umgekehrt. Wenn es bei ihm stattfindet, können Sie also davon ausgehen, daß Ihr Monsieur Präservative zu Hause hat. Sie müssen allerdings auch davon ausgehen, daß heterosexuelle Männer oft lausige Gastgeber sind, und sollten auf jeden Fall vorbereitet sein.

Wenn es in Ihrer Wohnung passieren soll und Sie zu gegebener Zeit nicht das bekannte Rascheln einer Folie hören, greifen Sie einfach in Ihren Kondombehälter (siehe

Kapitel 2). Ein kleiner Rat: Auch wenn Sie genügend Gummis für das gesamte Erstsemester der juristischen Fakultät auf Vorrat haben: Es ist ratsam, nur eine begrenzte Anzahl davon herumliegen zu lassen. Homosexuelle Männer wissen, daß ihr Partner Sex mit anderen hat. Heteros vertragen die Vorstellung, daß Sie nebenbei noch bei der Truppenbetreuung arbeiten, nicht so gut. Wenn es in seiner Bude stattfinden soll, sind zuvor ein paar Kleinigkeiten zu bedenken. Sind Sie zum ersten Mal bei ihm, wird er Ihnen wahrscheinlich erst mal die Wohnung zeigen. Hängen Sie Ihren Mantel auf, Ihre Handtasche behalten Sie bitte in Reichweite. Es wird nicht lange dauern, bis er die Musik anmacht und Sie fragt, was Sie trinken wollen. Das ist die Gelegenheit, um an Ihr Glas Eiswasser zu kommen. Geschlechtsverkehr kann überall dort stattfinden, wo zwei Menschen in die Horizontale gehen und dabei immer noch die Musik hören können. Am strategisch günstigsten Punkt eines solchen Terrains lassen Sie Ihre Handtasche fallen. Für den Fall, daß er schon während der Wohnungsbesichtigung im Schlafzimmer über Sie herfällt, haben Sie Ihre Handtasche ja noch bei sich und können sie voller Leidenschaft neben das Bett fallen lassen. Es spielt keine Rolle, wann und wo Sie mit ihm in den Ring steigen – wenn er nicht rechtzeitig ein Kondom hervorzaubert, tun Sie es bitte.

Wann

Es mag ja stimmen, daß beim kondomgeschützten Verkehr das wunderbare Haut auf Haut-Gefühl fehlt. Aber heutzutage ist das Reiten ohne Sattel leider keine Alternative mehr. Nehmen wir mal an, Sie geraten an einen dieser Kerle, die das Heulen kriegen, wenn sie ein Gummihütchen aufsetzen sollen. Kaum zu glauben, aber es gibt immer noch Männer, die Argumente wie *Aber das ist doch, als würde ich unter der Dusche einen Regenmantel tragen!* originell finden. Abgesehen davon, daß es ziemlich hirnverbrannt ist, ein Kondom mit einem Kleidungsstück zu vergleichen, das man bei schlechtem Wetter trägt, können Sie ihn sofort mit seinen eigenen Worten schlagen. Ersetzen Sie nur den Regenmantel durch etwas positiver besetzte Kleidungstücke. Einige gute Antworten darauf haben wir gehört: *Würdest du ohne deine Turnschuhe zum Joggen, ohne dein Skateboard zum Skaten oder oder deinen Taucheranzug zum Tauchen gehen?* Jede Lebenssituation verlangt eben nach der richtigen Ausrüstung. Sogar Ihr hochtourig brünftiger Latin-Lover muß kapieren, daß man für die Siesta einen Sombrero braucht.

Wo

Wenn Sie verreisen, sagen wir mal zu einer Verabredung ans andere Ende der Stadt, sollten Sie Ihre Kondome so selbstverständlich dabei haben wie Ihre Brieftasche oder Ihren Personalausweis. Vielleicht gehen Sie nach dem Essen ja noch »schnell« auf einen Kaffee zu ihm. Sollte er beispielsweise einer von denen sein, die nie etwas anderes als Bier im Kühlschrank haben, dürfen Sie auch nicht erwarten, daß er Präser im Nachttisch hat. Und dann ist es einfach viel cooler, so ein Ding aus der Handtasche zu zaubern, als ihn verzweifelt den Rucksack durchwühlen zu lassen, der noch unausgepackt vom drei Jahre zurückliegenden Camping-Urlaub in der Ecke steht.

Heterosexuelle Männer phantasieren gern, daß ihre Partnerin ihnen das Kondom mit dem Mund überstülpt. Homosexuelle träumen auf diesem Sektor scheinbar weniger Unfug. Im Bedarfsfall üben Sie am besten an einem leblosen Gegenstand. Und benutzen Sie Ihre Lippen, auf keinen Fall Ihre Zähne.

Da wir das ja nun erledigt haben, können wir zu einem Tip kommen, der den Namen verdient: Tupfen Sie ein klein wenig Gleitmittel innen in den Gummi. Wirklich nur einen Tropfen, denn es geht nur darum, eine Winzigkeit von dem Zeug auf die Schwanzspitze zu applizieren. Auf keinen Fall soll es seine Latte runterlaufen, wir wollen ja nicht, daß das Gummi später runterrutscht. So können Sie es ihm problemlos überziehen, und er wird sich fragen, warum er noch nicht selber darauf gekommen ist.

Also: Wie stülpt die Frau von Welt ihm das Ding nun richtig über? Die Verpackung öffnen Sie am besten, *bevor* der ganze Zauber losgeht. Das Kondom kann ruhig noch drin bleiben, aber dadurch daß die Folie schon mal angerissen ist, ersparen Sie sich später unnötiges Herumgefummel. Tun Sie das aber erst ein paar Minuten vorher, sonst trocknen die Dinger nämlich aus. Wenn er es sich lieber selber überziehen möchte, lassen Sie ihn und legen derweil die Hände in den Schoß. Wenn Sie ihm das Gefühl vermitteln wollen, daß seine Erektion das Tollste ist, was Sie in Ihrem Leben gesehen haben, dann machen Sie es, zum Beispiel, so: Knien Sie zwischen seinen Schenkeln und nehmen Sie eine militärische Haltung an, ungefähr so, als würden Sie einer Flagge salutieren. Tupfen Sie ein wenig Gleitmittel in das Kondom oder auf die Spitze seiner vor Aufregung bereits pulsierenden Salami. Setzen Sie das

Kondom oben an, und ziehen Sie das Ende mit Daumen und Zeigefinger etwas auseinander, um Platz zu schaffen für das, was noch kommt. Dann rollen Sie ihm das ganze Ding über den Stengel und walten Ihres Amtes.

Über die spätere Entsorgung sollten Sie sich keine Gedanken machen müssen, denn die ist nun wirklich sein Job. Wenn er das Gummi einfach neben dem Bett liegen läßt oder in den Papierkorb wirft, überlegen Sie, wie Sie den Kerl wieder loswerden. Oder, etwas wissenschaftlicher ausgedrückt: Dann ist er einfach eine Sau.

9.

Der Nahkampf und seine Variationen

Danny ist immer wieder verblüfft, wie viele seiner Freundinnen glauben, ein dienstbereiter Penis sei nichts anderes als ein großer Knochen der Lust. Sie machen sich keine Gedanken darüber, was man alles mit ihm anstellen kann und wie verschieden sich unterschiedliche Stellungen für den Mann anfühlen. Homosexuelle Männer wissen, daß jede Position und jede Bewegung beim Joystick anders ankommt. Deswegen erfinden sie ja auch unablässig neue Spielereien. Bleiben Sie bei uns. Auf den folgenden Seiten verraten wir Ihnen ein paar davon.

Auf die Plätze

Jeder Läufer weiß, daß Spurt, Staffellauf oder Marathon jeweils unterschiedliche Laufstrategien erfordern. Wenn Sie vierzig Kilometer vor sich haben und gleich zu Anfang spurten wie eine Bekloppte, können Sie sicher sein, daß Ihnen mittendrin die Puste ausgeht. Jeder Sprinter weiß dagegen, daß er beim Hundertmeterlauf sofort Vollgas geben muß, wenn er eine Chance haben will, als erster durchs Ziel zu gehen. Mit den Tips, die nun folgen, müssten Sie eigentlich immer rechtzeitig ankommen.

Der Spurt

Jedermann genießt es, im Sitzen und in aller Ruhe ein Dreigangmenü zu sich zu nehmen. Aber für jeden kommt auch mal der Moment, wo ihm ein schneller Imbiß zwischen Tür und Angel einfach besser in den Kram paßt. Dafür hat der liebe Gott den Quickie erfunden. Für Schwule bedeutet ein Quickie normalerweise, sich gegenseitig kurz und heftig einen runterzuholen. Für Heteros reicht die Palette von der Kurzvögelei zum Aufwachen bis hin zur schnellen Nummer im Büro oder im Lift. Und wenn Ihr Beau am Morgen *wieder* will, bevor Sie überhaupt die Augen auf haben: Nehmen Sie es doch einfach von der positiven Seite. Zum Schminken und Kämmen reicht die Zeit danach immer noch, und *er* wird sich wie King Kong fühlen. Maggie ist der festen Überzeugung, daß es auch für *Sie* ein guter Start in den Tag ist.

Der Staffellauf

Mit jeder Etappe eines Staffellaufes werden Sie begieriger darauf, endlich ins Ziel zu kommen. Wir Schwule wissen, daß *jede* Phase einer Vögelei wichtig ist. Wenn Sie verschiedene Techniken kombinieren, darin sind Sie mittlerweile sicher Meisterin, dann gönnen Sie seinem Zipfel zwischendurch mal eine Pause. Die Frage ist nur *wann*, und was machen Sie in der freien Zeit ? Blättern Sie bitte zurück zu Kapitel 4 (Primi Piatti), und lassen Sie seinen Pillermann mal für 3 Minuten in Frieden. Andernfalls laufen Sie Gefahr, daß der Hengst schon im Ziel ist, bevor Sie richtig losgelaufen sind.

Der Marathon

Sie wollen mal richtig zur Sache gehen? Sie sind bereit und guten Mutes und wollen es treiben, bis der Milchmann kommt? Die Kinder sind im Schullandheim, und Sie haben alle Termine für die nächsten 24 Stunden abgesagt? Sie haben Zeit, einen Geliebten und eine Anstaltspackung mit Lümmeltüten? Dann steht dem Marathon ja nichts mehr im Wege. Fangen wir an.

Wolken und Regen

Im China des 7. Jahrhunderts hat ein gewisser Herr Tung-Hsuan mit großer Akribie, unter dem blumigen Titel *Wolken und Regen* dreißig Stellungen schriftlich festgehalten. Möglicherweise haben Sie die eine oder andere davon schon mal ausprobiert; wir kennen niemanden, der von sich behaupten könnte, alle dreißig zu beherrschen. Warum, werden Sie vielleicht fragen, sollte überhaupt jemand den Ehrgeiz haben, so viele verschiedene Stellungen für ein und dieselbe Sache zu probieren? Ganz einfach: Weil jede einzelne ein ganz anderes Gefühl erzeugt, je nach Winkel und Ort des Eindringens. Herr Tung-Hsuan wußte schon, was er tat, als er sich die Mühe dreißigmal machte. Wir möchten Ihnen hier nur eine kleine Auswahl vorstellen, die es – das werden Sie an *seiner* Reaktion merken – allerdings in sich hat.

Stellen Sie sich vor, Ihr Kerl liegt auf Ihnen. Es gibt langweilige Typen, die sich beim Sex anstellen, als würden sie einen Nagel in die Wand schlagen – immer wieder dieselbe Bewegung, nur zum Ende hin etwas fester und schneller. Andere rühren dabei herum, als wollten sie einen Lambada-Wettbewerb gewinnen. Ihr Typ dringt vielleicht im fünfundvierzig-Grad-Winkel in Sie ein, fängt an sich zu bewegen und wechselt dann in einen neunzig-Grad-Winkel. Machen Sie nicht den Fehler, Ihre Haltung immer wieder so anzupassen, daß *er* eine möglichst gerade Schußbahn hat. Und versuchen Sie mal, Ihre Hüften nicht zu bewegen. Sie werden feststellen, daß seine Luftpumpe es ganz gerne hat, wenn sie sich frei entfalten, biegen und beugen und in alle möglichen Richtungen bewegen darf.

Drunter und drüber

Bei den Schwulen wird eindeutig zuviel Gewese darum gemacht, ob der Partner nun ein *Oben-* oder ein *Unten-*Typ ist. Unser Freund Phil sagte mal im Scherz: *Ich bin nun mal ein Unten-Typ. Ich laß den da oben die Arbeit machen. Rein-Raus-Fertig, mach schnell, ich will nachher noch shoppen gehen!* Möglicherweise haben Sie in Ihrem früheren Leben gelegentlich auch so gedacht. Blättern Sie doch spaßeshalber mal in den Kleinanzeigen eines beliebigen Schwulenheftchens. Sie werden feststellen, daß die *Oben-*Typen ihren Geberstatus wie einen Orden vor sich hertragen und den Controletti spielen. Das halten wir für problematisch. Jeder Mensch, egal ob Homo oder Hetero, der Vögeln immer nur mit Geben oder Nehmen verbindet, anstatt einfach Partner zu sein, benützt Sexualität auf seltsame Weise. Wir finden: Wer oben und wer unten liegt, ist schnurzpiepegal.

Jedermann kennt die *Missionarsstellung*. Probieren Sie die doch mal aus, wenn er aufrecht steht, während Sie Ihre kostbaren Teile auf der Bettkante darbieten. Er kann mit jeder Hand eines Ihrer Beine halten, sie höher oder tiefer positionieren, einzeln oder zusammen und den Reibungswinkel verändern. Sie können Ihre Knöchel auf seinen Schultern parken, Sie können Ihre Füße gegen seine Brust stemmen oder ein Bein aufs Bett stellen und das andere um seinen Nacken legen. Wenn Sie sich noch an Ihre Beckenbodengymnastik erinnern, kann das ebenfalls nicht schaden.

Eine wunderschöne Rein-Raus-Variante, die viele Frauen einfach nicht auf dem Zettel haben, ähnelt dem *Bauch-Reiber nach Princeton* Art (siehe Kapitel 10). Er liegt auf Ihnen und ist *in* Ihnen, Sie haben beide die Beine ausgestreckt, seine Hände liegen entweder auf Ihren Schultern oder er hält sich oben an der Bettkante fest. Sie liegen flach aufeinander und er benutzt seine Zehen, um seinen Körper auf Ihnen zu bewegen, ohne das Becken anzuheben. Diese wunderbare Reibung führt so schnell zur Explosion, daß Sie sich diese Position vielleicht für das große Finale aufheben sollten.

Die schwebenden Schmetterlinge

Wenn Sie sich gelenkig genug fühlen, probieren Sie doch mal diese Stellung aus Herrn Tung-Hsuans Schatzkästlein. Ihr Geliebter liegt mit angezogenen Beinen auf dem Rücken, Sie sind oben, schauen ihn an und sitzen auf der Rückseite seiner Oberschenkel. In dieser Position kann er jederzeit den Winkel ändern, in dem er seine Beine um Ihre Taille schlingt. Hier haben zwar Sie die Hauptarbeit, weil er schließlich wie ein toter Schmetterling auf die Matratze gepinnt liegt, er kann aber Ihr Rauf und Runter auf seiner Posaune etwas unterstützen, indem er seine helfenden

Hände unter Ihrem Hintern plaziert. Seine Koralle wird sich sehr nach dem Zentrum Ihres Yin sehen, und in Ihrem Jade-Palästchen wird mächtig die Sonne scheinen.

T for two

In der *T-Stellung* liegen Sie auf dem Rücken und strecken die Beine in die Luft. Er liegt auf der Seite und besucht Sie von unten, Ihre beiden Körper bilden ein T. In dieser Position dringt sein tapferes Prügelchen zur Abwechslung mal in leichter Schräglage ein. Schwule schätzen diese Variante übrigens besonders deswegen, weil der Einführende sich auf dem Unterarm abstützt. Dabei kann er mächtig mit seinen Bizeps angeben.

Das große X

Wenn Sie beide bequem auf dem Bett liegen wollen, ist das *X* eine weitere gute Stellung. Ihre Beine sind dabei verflochten. Sein eines Bein liegt unten, darauf eines der Ihren, dann wieder seines auf Ihrem. In dieser Stellung können Sie sich nicht küssen. Das Aufregende hierbei ist, daß beide Partner nach Gusto den Druck verändern können, indem sie einfach fester pressen. Das ist besonders von Vorteil, wenn sein anschwellender Champignon zu der kleineren Sorte gehört und manchmal aus Ihrer goldenen Höhle zu rutschen droht.

Lang lebe der Oberschenkel

Wenn ein schwuler Mann auf einem Pimmel sitzt, dann tut er das üblicherweise in der Hocke und bewegt sich senkrecht rauf und runter. Der Nebeneffekt dabei ist ein hervorragendes Training der Oberschenkelmuskulatur. Maggie erzählt, daß die meisten Frauen das anders handhaben: Sie knien mehr über dem Kerl. Unabhängig davon, *wie* Sie nun aufeinander sitzen, kann Ihr Partner seine Hände unter Ihren Oberschenkeln plazieren und Ihre Auf- und Ab-Bewegungen unterstützen. So hat er auch was zu tun, und er kann – obwohl er unten liegt – seinen Kröterich auch mal weit genug herausziehen, um dieses Rein-Raus-Flutschgefühl an der Pimmelspitze zu erzeugen, das er so schrecklich gerne hat. Wenn er mit ausgestreckten Beinen daliegt, legen Sie seine Hände auf Ihre Hüften. Anstatt immer nur zu »hüpfen«, lassen Sie sich von ihm vor und zurück schieben. Dabei können Sie sich etwas ausruhen und haben trotzdem Ihren Spaß. Kurz vor dem Orgasmus sollten Sie dann wieder zum Rauf-Runter zurückkehren, denn das wirkt bei ihm sofort.

Mobil sein ist alles

Es gibt übrigens kein Gesetz, das Ihre Liebeskunst aufs Schlafzimmer beschränkt. Sie können, zum Beispiel, auf *ihm* Platz nehmen, wenn Ihr Jeweiliger auf dem Sofa oder auf einem Stuhl sitzt. Ob Sie sich dabei ansehen oder lieber an die Wand gucken, entscheiden Sie. Sie werden beide auf Ihre Kosten kommen, weil es sich hierbei wirklich um eine der *bequemsten* Arten des Geschlechtsverkehrs handelt. Achten Sie darauf, daß er nicht die Fernbedienung in die Finger kriegt, sonst kommt er womöglich auf die Idee, obendrein ein wenig Fußball zu gucken.

Unser Freund Ron, ein Koch, hat mal einer Geliebten den Laufpaß gegeben, weil sie sich weigerte, außerhalb des Bettes mit ihm zu vögeln. Vielleicht lag es ja an seinem Beruf, wer weiß, jedenfalls war er besessen von der Idee, *es* auf dem Eßzimmertisch zu treiben. Als sie das kategorisch ablehnte, benahm sich Ron, als wäre sie das Stammessen von gestern. Was finden die Leute nur immer an Küchen und Eßzimmern?! Wir kennen zwei Kerle, die eine wahnsinnig heiße Affäre hatten, wirklich heiß, denn sie trieben es auf dem Herd. Falls Ihr Kerl mal um richtig heißen Sex betteln sollte – unseren Segen haben Sie. Aber bleiben Sie in Gottes Namen weg von den Schaltern.

Eine Bemerkung zum Schluß: Hüten Sie sich vor rauhen Unterlagen. Wenn Sie es auf dem Boden, dem Sofa oder einem Sessel treiben, bedenken Sie: Auch auf dem flauschigsten Stoff können Sie sich unter Umständen Knie und Ellenbogen aufschürfen.

»Läuten Sie bitte auch an der Hintertür!«

Dieser Satz steht an der Haustür des Elternhauses eines Freundes. Aus irgendwelchen Gründen müssen wir immer wieder darüber kichern, wenn wir unseren Freund besuchen; möglicherweise liegt es daran, daß seine Mutter der konservativste und jeglicher analer Praktiken unverdächtigste Mensch ist, den man sich vorstellen kann. Unser heterosexueller Freund Don meint, das interessanteste beim analen Eindringen sei die ungewohnte Enge und der Winkel.

Ist ein Mann auf der empfangenden Seite, wird seine Vorsteherdrüse durch den eindringenden Penis so stark stimuliert, daß es dadurch bereits zum Orgasmus kommen kann. Das trifft bei einer Frau naturgemäß nicht zu. Trotzdem gibt es Frauen, die Analverkehr lieben, andere, die ihn verabscheuen, und viele, die sich nicht ganz sicher sind. Man kann die Gefühle beim Analverkehr, egal ob unter Schwulen oder Heteros, verkürzt sehr einfach beschreiben: *Erst tut es weh, dann ist es schön.* Am Anfang ist es wirklich nicht gerade komfortabel, aber wenn die Muskeln erst mal entspannt sind und der Partner anfängt sich zu bewegen, fühlt es sich toll an. Das sagen alle, schwule Männer ebenso wie heterosexuelle Frauen.

Am Anfang sollte immer eine Massage des Po stehen. Das entspannt die Muskeln und stimuliert das gesamte Spielfeld. Unabdingbar ist, daß Sie – für beide – ein Gleitmittel zur Hand haben. Während er sein Kondom überzieht und mit Gleitmittel versieht, sollten Sie Ihr Schlachtfeld vorsichtig außen und innen etwas »schmieren«. Ebenfalls sehr wichtig: Er muß *langsam* eindringen, ein paar Sekunden *still*halten und dann erst *loslegen.* Wie überall gilt auch hier: Probieren geht über studieren.

Kleiner Klaps gefällig?

Liebevolle Klapse haben einen festen Platz im schwulen Sexrepertoire. Zu Recht, ein kleiner Klaps auf den Hintern ist einfach schön. Meist ist es der obere Mann, der dem unteren Mann welche verpaßt, und sie fühlen sich doppelt gut an, weil der Po durch den Analsex bereits sensibilisiert ist. Geben Sie Ihrem Beau während des Vögelns doch mal ein paar Klapse, und warten Sie seine Reaktion ab. Die Akzeptanz ist ungefähr so wie bei der Nippelstimulation: Der eine mag's, der andere nicht.

Dirty Talking Etikette

Danny hatte mal eine très, très heiße Affäre in Frankreich. Da Dannies Kenntnisse der Landessprache allerdings eher lückenhaft sind und sein Liebhaber kein Wort Englisch konnte, spielte die Konversation in dieser Beziehung keine Rolle, der Sex dafür eine um so größere. Es war phantastisch! Der fidele Franzose wurde im Bett gesprächig und murmelte mit seiner tiefen, verführerischen Stimme Danny unablässig etwas auf französisch ins Ohr. Danny genoß es grenzenlos, hatte aber gleichzeitig nicht die geringste Ahnung, *was* der Bursche gerade erzählte Maggie empfiehlt – auf Grund schmerzlicher Erfahrungen –, man sollte die Landessprache wenigstens ein bißchen beherrschen. Sie hat mal mit einem unglaublich scharfen Spanier herumgemacht und sein flehentliches »Adentro, adentro!«, auf Grund ihrer eingerosteten Lateinkenntnisse, dahingehend interpretiert, daß sie irgendwas mit den Zähnen machen solle. Also fing sie an, den Kerl zu beißen. Je flehentlicher er sein »Adentro, adentro!« wiederholte, desto fester biß Maggie zu. Erst als alles vorbei war, und sie ihr kleines Wörterbuch konsultierte, begriff sie, was er wirklich wollte: »Hinein, hinein!«

Wir sind beide keine Freunde des Quasselns beim Pimpern; da aber so viele Kerle darauf zu stehen scheinen, wollten wir Ihnen ein paar Tips nicht vorenthalten. Das Schönste zuerst: *Was* Sie sagen, spielt im Grunde überhaupt keine Rolle. Von Frauen wissen wir, daß sie gerne etwas Romantisches hören. Männer denken in dieser Situation sowieso an nichts anderes als an ihre Latte. Wichtig ist also nur, daß Sie überhaupt etwas sagen. Ihre sinnliche Stimme, das leise Murmeln an seinem Ohr machen ihn scharf. Das eine oder andere Kompliment für seinen prächtigen Prügel kann auch nicht schaden.

Murmeln Sie Ihren Text in der tiefsten Stimmlage, die Ihnen zur Verfügung steht. Wie gesagt, brabbeln Sie, was Ihnen gerade einfällt. Falls Ihnen das zu anspruchslos ist, schlagen wir hier zwei mögliche Themenkreise vor. Beim ersten geht es um ihn: Wie hart seine Latte heute wieder ist, wie groß seine Latte heute wieder ist und wie scharf er Sie damit heute wieder macht. Der zweite Themenkreis handelt von Ihnen: Er soll es Ihnen schneller besorgen, er soll es Ihnen härter besorgen, er soll es Ihnen am liebsten fünfmal hintereinander besorgen und so weiter. Nur übertreiben dürfen Sie natürlich nicht, sonst kommt er noch auf den Gedanken, Sie hätten früher in einer Fernfahrerabsteige gearbeitet.

So, alle Glocken haben geläutet. Yin und Yang sind vereint, Ihre goldene Spalte und sein Jadestab sind in perfekter Harmonie. Die Gay-Etikette sieht übrigens vor, daß Sie ihm ein warmes, feuchtes Handtuch reichen, bevor er sich umdreht und einschläft. Tun Sie es ruhig. Er wird Sie als perfekte Gastgeberin in Erinnerung behalten, und Sie haben weniger Flecken in Ihrer Bettwäsche.

10.

»Wir müssen leider draußen bleiben!«

Viele Heteros glauben, das einzige, was Schwule im Sinn haben, sei ficken, ficken und nochmals ficken. Stimmt gar nicht! Unsereins kann nicht fassen, daß sich viele Heteros Sex ohne Penetration überhaupt nicht vorstellen können. Wir glauben, daß diese Penetrationsbesessenheit ihren Ursprung in den traditionellen abendländischen Wertvorstellungen hat, die bestimmen, daß eine *Braut* gefälligst auch eine *Jungfrau* zu sein hat. Mit anderen Worten: Der Eintritt durch die Hintertür ist gratis. Zugang zum Haupteingang bitte nur mit Ring!

Vor der sexuellen Revolution der sechziger Jahre gingen die wenigsten Leute davon aus, daß eine sexuelle Begegnung auch notwendigerweise in einer Penetration endet. Damals haben die Jungs ihre Verabredungen mit strategischen Planspielen vorbereitet, die einem Feldmarschall zur Ehre gereicht hätten. Jeder Schritt, jede Bewegung war Teil eines ausgeklügelten Plans. Im übrigen wußten sie meist vorher schon, welche Mädchen mitmachen und welche ihnen schlicht eine scheuern würden.

Die Mädchen beherrschten das Spiel ebenfalls. Sie mußten so lange *Nein* sagen, wie es ging, ohne daß der Kerl seine Bemühungen einstellt. Sie wußten sehr genau, daß es *gute Mädchen* gibt, die hauptsächlich auf dem Heiratsmarkt beliebt sind, daß es *nette Mädchen* gibt, die praktisch überall beliebt sind, und solche, die alles mitmachen. Die sind in Nullkommanix als Nymphomaninnen verschrien und finden sich, wenn auch der allerletzte Dorfdepp seinen Spaß mit ihnen gehabt hatte, im sozialen Abseits wieder.

Und heute? Die Zeiten haben sich zwar grundlegend geändert, aber in einigen Punkten geht es wieder zu wie in den Fünfzigern. Viele Frauen fangen an, genau die Ratschläge zu beherzigen, gegen die ihre Mütter noch rebelliert haben. Ob Sie zu den einen gehören oder zu den anderen, ob Sie eine Partylöwin erster Güte sind oder ein *gutes Mädchen* oder ob Sie noch keine Sekunde darüber nachgedacht haben, was Sie eigentlich sind, soll uns nicht weiter interessieren. Es gibt heutzutage jede Menge guter Gründe für das *Wir müssen leider draußen bleiben!* Außerdem gibt es so viele andere, wunderbare Möglichkeiten, miteinander Spaß zu haben! Schwule haben diese im Lauf der Zeit zu einer regelrechten Kunstform erhoben.

Hiermit erklären wir die Ausstellung für eröffnet.

Die Seifenoper

Eine Badewanne kann ein Ort größter Freuden sein. Wenn man nicht alleine ist, natürlich ganz besonders. Zu zweit in der Wanne zu sitzen hat mehrere Vorteile. Man kann sich entspannen, anschließend kann man sich ein bißchen aufregen, dann regt man sich gegenseitig wieder ab und wird – falls Wasser in der Wanne ist – auch noch sauber dabei.

Maggie lebte übrigens aus irgendwelchen Gründen lange in dem Glauben, daß eine Erektion in warmem Wasser nicht möglich sei. Seit Danny ihr erzählt hat, was ihm mal in einem beheizten Whirlpool in Santa Fé widerfuhr, weiß sie es besser.

Das Rezept ist ziemlich einfach. Sie brauchen zwei aufblasbare Nackenkissen, einen anregenden Badezusatz und eine Wanne mit Wasser. Steigen Sie ein, entspannen

Sie eine Weile und dann lassen Sie Ihre Finger etwas spazierengehen. Seifen Sie seine Pythonschlange schön ein – und würgen Sie sie ein bißchen.

Sie können auch hinter ihm Platz nehmen. Sie sitzen aufrecht, er lehnt sich an Ihre Brust. Greifen Sie um ihn herum und lassen Ihre Hände nach unten wandern. Vielleicht finden Sie da ja etwas Schönes. Sie können sich auch andersherum plazieren. Dann sucht er bei Ihnen. Wenn er nicht ganz auf den Kopf gefallen ist, findet er bestimmt etwas.

Danny ist übrigens eher ein Duschtyp. Und weiß deswegen sehr gut, daß es nichts gibt, was man im Liegen tut und nicht auch im Stehen tun könnte. Wenn Sie vorhaben, Ihrem Kerl einen runterzuladen, spielt es keine Rolle, ob Sie ihm nun gegenüberstehen oder hinter ihm oder ob Sie vor ihm knien. Wann immer Sie es bei laufender Dusche tun, achten Sie darauf, daß Sie mit dem Rücken zum Strahl stehen. Es ist bequemer so. Und denken Sie an eine rutschfeste Unterlage. Denn wenn er Ihnen umfällt, soll es daran liegen, daß er vor Geilheit nicht mehr stehen kann. Wenn er einfach ausrutscht und sich die Gräten bricht, haben Sie nix davon. Außerdem kniet es sich auf so einer Unterlage etwas bequemer.

Da wir gerade vom Knien reden. Ein bißchen Mundarbeit bei der morgendlichen Dusche kann ein wunderbarer Start in den Tag sein. Und wenn Sie mit ihm fertig sind, kann er mit der Massagedusche mal zur Abwechslung etwas an Ihnen arbeiten.

Maggie erinnert sich sehr gerne an eine morgendliche Dusche mit einem norwegischen Theologiestudenten. Sie stand nach vorne gebeugt da, die Hände an den Kacheln abgestützt. Er hat ihre Schenkel zusammengepreßt, und seinen eingeseiften, norwegischen Tabernakel langsam dazwischen hin und her bewegt. Dann hat er Maggie umgedreht und dasselbe von vorn gemacht. Maggie war von dieser gottgefälligen Nummer so beeindruckt, daß sie dem frommen Mann die Note »1« gegeben hat.

Bauchreiben nach Princeton-Art

Da wir gerade von Ausbildung reden: Zumindest in Dannies Kreisen war diese Technik sehr populär: Als Danny an der Columbia-Universität studierte, war es Usus, daß die Jungs aus Princeton an den Wochenenden mal auf einen Sprung rüberkamen, um Großstadtluft zu schnuppern. Diese Jungs haben das *Bauchreiben* importiert, daher der seltsame Name. Danny erinnert sich an einen Geschichtsstudenten, der das so perfekt drauf hatte, daß man sagen kann, er hat Danny damit für sein Leben geprägt.

Man liegt dabei aufeinander, die Pimmel liegen brav nebeneinander. Der obere Student stützt sich auf Ellenbogen und Zehenspitzen und fängt an, sich vor und zurück zu schieben. Das fühlt sich herrlich an, und der untere Student kann auch ein bißchen hin und her rutschen, bis er seine Lieblingsstelle am oben liegenden Kommilitonen gefunden hat. Für zwei Männer ist das Schöne an dieser Stellung, daß sie meist gleichzeitig ejakulieren, sich waschen und einen trinken gehen können. Bei *Ihnen* funktioniert sie am besten, wenn Ihre Schenkel weit geöffnet und seine Beine zwischen den Ihren lang ausgestreckt sind. So kann er sehr schön mit seinem dicken Cousin über Ihren Kitzler streichen, und nach dem Orgasmus brauchen Sie sich nur den Bauch abzutrocknen. Diese Stellung ist für *ihn* ziemlich anstrengend, und Sie können danach eine Zeit lang nichts mehr mit ihm anfangen. Achten Sie also darauf, daß Sie zuerst kommen.

Der Hintermann

Es ist kein Geheimnis, daß es Männer gibt, die ihren Pimmel gerne zwischen den Brüsten der Frau hin und her bewegen. Wir kennen eine bessere Methode für virtuellen Geschlechtsverkehr: Sie liegen auf dem Bauch, er verteilt etwas Gleitmittel auf Ihren Pobakken. Der Kerl legt sich auf Sie und läßt seinen Prügel zwischen Ihren goldenen Hügeln hin und her gleiten. Wie beim Bauchreiben gilt auch hier: Es macht Spaß und ist absolut safe. Bedenken Sie bitte, daß es vom *Hintermann* nur noch ein kleiner Schritt zum Analverkehr ist; für den Fall, daß es dazu kommt, sollte ein Kondom bereitliegen.

Die Perlenkette

Eine weitere Safer-Sex-Alternative nennt sich *Perlenkette*: Die Frau liegt auf dem Rücken, der Mann sitzt rittlings auf ihr. Sie können derweil seine Nippel bearbeiten, mit seinen Eiern oder mit sich selbst spielen. Er holt sich einen runter, und wenn es kommt, dirigiert er seinen Erguß auf Ihr Dekolleté. Daher der Name Perlenkette. Männer finden diese Nummer deswegen immer wieder aufregend, weil sie bekanntlich nicht genug davon kriegen können, sich beim Ejakulieren zuzusehen. Die Perlenkette erfordert von Ihnen nur so viel Engagement, wie Sie gerade aufbringen wollen. Sie können dabei auch die Augen zumachen und an den Sommerschlußverkauf bei C&A denken.

Die M&Ms

M&M ist der schwule Ausdruck für das gemeinsame Onanieren. Die Methode ist wohl der safeste Sex, den man haben kann. Beide kommen auf ihre Kosten, und als Gleitmittel kann man verwenden, was man möchte, es sei denn, man plant die Nummer mit einer Penetration zu krönen. Im Gegensatz zu den Brüdern aus der heterosexuellen Gemeinde haben Schwule keinerlei Problem damit, sich in Gegenwart ihres Partners gemütlich einen aus dem Rohr zu zaubern. Gays wissen sehr genau, daß die Nudel, wenn sie erst mal hart ist, schnelle Hilfe braucht und daß es ihr ziemlich egal ist, woher diese Hilfe kommt. Und wenn der Notdienst *Hand&Co* heißt, auch in Ordnung.

Warum haben Heteros nur solche Manschetten davor, es sich vor den Augen einer Frau selbst zu besorgen? Eine unserer berühmten Blitzumfragen ergab unter anderem: Sie haben Angst, für eine Schwuchtel gehalten zu werden, oder – falls die Vorstellung zu professionell gelingt – als Berufswichser zu erscheinen. Und dann gibt es noch die ganz bequemen Typen, die einfach zu faul sind, es sich selbst zu besorgen, wenn doch eine Frau in der Nähe ist.

Eine Freundin erzählte uns mal ein denkwürdiges Ereignis aus ihrer Studienzeit. Ihre beste Freundin landete eines Nachts im Bett eines Kommilitonen – und schlief sofort ein. Als sie die Augen wieder aufmachte, war er gerade dabei, sich einen von der Palme zu schütteln. Der kleine Genießer zielte sogar in ihre Richtung. Sie sagt, das sei der Schock ihres Lebens gewesen, und wir fragen uns wirklich, *warum* ? Jungs sind eben so! Das »Opfer« flüchtete so blitzartig aus dem Zimmer, daß der Junge weder eine Erklärung noch seine paar Tropfen Trockenbeerauslese loswerden konnte. Sie erzählte in den folgenden Tagen jedem, was für ein »perverser Wichser« ihr Kommilitone sei. Der Arme erlangte traurige Berühmtheit als *Der, der hier alles vollwichst*. Irgendwie scheint das Verhältnis der Heteros zum Wunder der Selbststimulation ein wenig gestört. Vielleicht ändert sich das in Zukunft ja. Sie können dabei mithelfen.

Möglicherweise hat Ihr Partner gelegentlich einfach nicht das richtige Händchen für Sie. Dann nehmen Sie die Dinge eben in die eigene Hand. Beste Gelegenheit für *ihn*, es Ihnen gleichzutun. Geben Sie ihm bitte das Gefühl, daß es vollkommen in Ordnung für Sie ist, wenn er es sich mal selbst besorgt. Und wenn es Ihnen Spaß macht, ihm dabei zuzusehen – zeigen Sie es. Ganz nebenbei ist dies eine gute Gelegenheit, ihm genau auf die Finger zu gucken und gratis noch etwas dazuzulernen. Wir meinen: M&Ms für Alle!

Auf die Mischung kommt es an

Wenn Sie im Schuhgeschäft stehen und sich nicht zwischen einem paar Halbschuhen, schicken Turnschuhen und etwas Winterfestem entscheiden können, ist es nicht dumm, einfach alle drei Paar zu kaufen. Sie finden immer eine Gelegenheit, sie zu tragen. Genauso können Sie es auch mit Ihren *Wir-müssen-leider-draußen-bleiben-Techniken* halten. Es kann nie schaden, wenn Sie eine möglichst bunte Mischung davon in petto haben und auch anwenden. Bugsieren Sie ihn doch beispielsweise mal in die Position für einen kleinen *Bauchreiber nach Princeton-Art*. Vorsicht, wenn er darauf steht, kann es ihm ziemlich schnell und überraschend kommen. Kurz bevor er Ihnen auszulaufen droht, unterbrechen Sie den Bauchreiber und kühlen Ihren Westentaschencasanova etwas herunter, beispielsweise indem Sie sich seinen Nippeln widmen. Dann legen Sie Ihre willenlose Bestie aufs Kreuz und spannen Sie sie weiter mit etwas Hand- und/ oder Mundarbeit auf die Folter. Sie können derweil auch ein bißchen an sich selbst arbeiten. Wenn der Flegel seine Zwetschgen beisammen hat, kommt er von selber auf die Idee, Ihnen dabei ein wenig zur Hand zu gehen.

Wenn Sie dann allmählich so rattenscharf geworden sind, daß Sie die Sache zu Ende bringen *müssen,* nehmen Sie bitte eine M&M-Position ein. Zum Beispiel: Sie auf dem Rücken, er kniet vor Ihnen. Spielen Sie an seinem Knöterich herum, solange es Ihnen Spaß macht (siehe Kapitel 4). Wenn Sie plötzlich selbst ganz große Lust haben – lassen Sie ihn los, und führen Sie die Behandlung an sich selber weiter. Lassen Sie dabei seinen dicken Lümmel nicht aus den Augen, auf diese Art bekommt *er* das Gefühl, daß Sie sein Ding gerne angucken. Spätestens jetzt sollte Monsieur die Scheu verlieren, sich vor Ihren Augen den Rettich selbst zu reiben.

Ruf doch mal an ...

Unsere Freundin Margie hatte einst eine Affäre mit einem Kerl – wir wollen ihn hier mal Richard nennen – den wir alle aus unserer Lieblingskneipe kannten. Er war geistreich, lustig und – am wichtigsten – der hübscheste Kerl, den sie je kennengelernt hatte.

Margie zog in eine andere Stadt, und Richard rief sie gelegentlich an, um ein wenig über dieses und jenes zu plauderten. Nur: Die Konversation schlug regelmäßig ins Sexuelle um. Beim ersten Mal war Margie noch peinlich berührt, als er sie bat zu beschreiben, was sie gerade drunter trägt, oder sie fragte, ob es sie an mache, seine Stimme zu hören. Margie hielt derlei Worte anfänglich für plump und pervers, aber nach und nach begann sie, den Gesprächen etwas abzugewinnen. Er stöhnte ins Telefon, er säuselte auf seine unwiderstehliche Art Nettigkeiten, er überredete Margie, die Hand in ihr Höschen zu stecken. Richard war ein Meister des Telefonsex. Obwohl er weit weg war, spürte Margie förmlich wieder seinen Körper auf ihrem, seinen Pimmel, seinen Mund, seine geschickten Hände. Um es kurz zu machen: Richard hatte es drauf, sie beide am Telefon zum Orgasmus zu plaudern.

Am besten funktioniert Telefonsex zwischen Partnern, die schon mal Sex miteinander hatten. Zum Beispiel zwischen Ihnen und Ihrem Mann, wenn er Sie spätabends aus dem Büro anruft. Verwenden Sie keine Worte, die Sie sonst nicht verwenden würden, und erwähnen Sie keine Praktiken, die Sie sonst nicht erwähnen würden. Wenn Sie es noch nie zuvor getan haben, nennen Sie seinen Schwanz auch am Telefon nicht *Wilhelm der Eroberer*. Reden Sie mit ihm, übernehmen Sie den aktiven Part, und lassen Sie keinen Zweifel daran, daß Sie gerade scharf sind. Er kann es Ihnen nicht *ansehen*, also muß er es Ihnen *anhören*.

Cybersex

Sex im Chatroom fasziniert eine Menge Männer, vorausgesetzt, sie haben die entsprechende technische Ausrüstung. Wir hätten nie geglaubt, daß diese Form des Vergnügens bereits bis in unsere Kreise vorgedrungen ist. Wir wurden jedoch eines Besseren belehrt, als wir – anläßlich einer sehr standesgemäßen Schwulenparty – feststellten, daß ein paar sonst sehr zurechnungsfähige Freunde an einem Computerbildschirm klebten, auf dem Nacktfotos von Brad Pitt zu sehen waren. Die Jungs hauten kräftig in die Tastatur, und es entspann sich ein lebhafter Dialog mit anderen Cyberseelen.

Cybersex bedeutet Kommunikation mit Männern, die man nie zuvor gesehen hat. Einige Jungs sind vollkommen zufrieden damit und bestreiten praktisch ihr gesamtes Sexleben online. Unser Freund Christopher trifft sich ständig mit Leuten, die er im Internet aufgegabelt hat. Er bestellt sie zu irgendeinem Treffpunkt, guckt sie sich kurz an, und wenn sie ihm nicht gefallen, geht er einfach weiter. Cybersex kann zu einer Verabredung führen, zu einer Affäre oder zu einer Ehe. Seien Sie aber stets darauf vorbereitet, daß Ihr Online-Lover, wenn er denn vor Ihnen steht, nicht der Schwarzenegger ist, den Sie nach seiner Selbstdarstellung erwartet haben, sondern der ein Meter fünfzig große und ein Meter fünfzig breite Gnom, der Ihnen *gerade noch* gefehlt hat.

11.

Frauen und Technik

Es waren einmal zwei hochrespektable Karrierefrauen, die ausprobieren wollten, was an den vielzitierten Vibratoren und den Freuden, die sie angeblich spenden, eigentlich dran ist. Nicht, daß die beiden es nicht auch hätten ganz prächtig zu Hause haben können. Sie sagten sich einfach: Handy und Mikrowelle benutzen wir täglich, weil sie praktisch sind und uns das Leben vereinfachen. Warum nicht ausprobieren, ob das mit einem Vibrator genauso ist?

Sie wollten also herausfinden, *was* sie möglicherweise verpassen, und das ist vollkommen legitim. Schließlich leben wir im Zeitalter der Hochtechnologie, und es gibt keinen Grund, die Augen davor zu verschließen. Die Methode http://geiler-junger-Bock.com war nicht ganz ihr Ding, und außerdem hatten sie leise die Hoffnung, daß sich ihre Männer nach dem Prinzip Modelleisenbahn auch für dieses Spielzeug interessieren könnten, wenn es erst mal im Haus war.

Da sie beide in einem Stadtteil lebten, wo man keinen Fuß vor die Tür setzen konnte, ohne einen guten Bekannten zu treffen, haben sie erst mal das Branchenbuch gewälzt und sind dann zu einem dieser großen, anonymen Einkaufszentren am Stadtrand gedüst. Der Laden ihrer Wahl hieß *Tausend Freuden*.

Sie kamen sich ziemlich fehl am Platze vor, als sie vorbei an Riesentitten zum Umschnallen, Penissalben und Immergeil-Pillen die Vibratorabteilung ansteuerten. Von der Auswahl wie erschlagen und mit hektischen Flecken auf Hals und Gesicht kauften sie schnell zwei batteriebetriebene Plastikdinger in Penisform und machten sich davon.

Kaum im Wagen, siegte die Neugier. Sie studierten die Gebrauchsanleitung, machten die Batterien rein, probierten erst mal die verschiedenen Geschwindigkeiten aus, kicherten dabei wie die Backfische und juxten derart im Auto herum, daß beinahe die Kaffeebecher aus den Getränkehaltern fielen. Plötzlich klopfte es ans Seitenfenster. Die beiden Grazien ließen vor Schreck ihre Spielzeuge fallen, eines landete unter dem Sitz und das andere weniger diskret im Kaffeebecher, wo es ungerührt weiter arbeitete, schließlich haben die Dinger keine Seele. Der Klopfer wollte nur wissen, ob ihr Parkplatz gleich frei würde. Wurde er.

Die preiswerten Einfachmodelle, die unsere Freundinnen da erstanden hatten, erfüllen durchaus ihren Zweck. Für den Gebrauch zu zweit sind sie allerdings definitiv nicht das Gerät der Wahl. Wenige Männer – das gilt für Schwule wie für Heteros – können einer lächerlichen Plastiknachbildung etwas abgewinnen. Sie fragen sich höchstens befremdet und zu Recht, wie und warum so etwas ihren eigenen, tapferen Willibald ersetzen soll.

Good vibrations

An Stelle der Einfachstausführung, zu der unsere Freundinnen in ihrer verständlichen Aufregung gegriffen haben, empfehlen wir teurere, sicherere und leistungsstärkere Alternativen, die meist auch noch bequemer zu bedienen sind. Da die 220-Volt-Modelle immer die Nähe einer Steckdose erfordern, sollten Sie ein Verlängerungskabel bereithalten für den Fall, daß Sie – zum Beispiel – im Bett anfangen und auf dem Eßzimmertisch aufhören wollen. Alle diese Geräte haben ein breites Spektrum von Geschwindigkeiten, so daß für jedes Temperament und jede Gelegenheit die richtige dabei ist. Die Dinger bieten somit eine echte Alternative, falls Sie mal am Samstagabend keinen Mann auftreiben können, der Ihnen gepflegt das Largo geigen kann. Die Firmen Panasonic und Hitachi beispielsweise stellen sehr solide Arbeitspferde her. Wenn es Ihnen unangenehm ist, im Laden danach zu fragen: Wozu gibt es das Internet?

Vibratoren können anregend oder beruhigend wirken, kommt ganz darauf an, *was* Sie damit anstellen. Sollte Ihr Partner zu der Sorte gehören, die gerne den Ton angibt: Übergeben Sie ihm einfach den Taktstock, und lassen Sie ihn die Ouvertüre dirigieren. Wenn Sie das Bedürfnis haben, Lustschreie auszustoßen oder zu stöhnen, dann tun Sie es in Gottes Namen. Das wird ihn zu Höchstleistungen animieren. Sie können sich derweil mit gekonnter Handarbeit revanchieren, aber bitte bei niedriger Geschwindigkeit, sonst ist der Abend schnell vorbei. Während des Verkehrs leistet der Vibrator gute Dienste, wenn Sie ihn auf Ihrem Schamhügel spazieren führen, während der echte Mann sich in Ihnen umschaut. Das ist übrigens die Methode der Wahl, wenn Sie Wert darauf legen, gleichzeitig anzukommen. Wenn Sie auf dem Bauch liegen, legen Sie den flinken Helfer einfach unter sich. Das Gewicht Ihrer Körper sorgt dafür, daß er bleibt, wo er hingehört. Wollen Sie sich beim Pimpern ins Gesicht sehen, ist es am einfachsten, wenn derjenige, der unten liegt, das Gerät festhält. Ein Freund, der in Immobilien macht, schleppt ständig einen Beeper mit sich herum. Eines Tages hat er durch Zufall herausgefunden, daß er eine tolle Party in der eigenen Hose feiern kann, wenn er das Ding einfach auf Vibrationsalarm stellt.

Ein anderer Freund gab uns eines Tages einen dieser

diskreten Kataloge, in denen für Sexualspielzeuge geworben wird, von denen wir uns noch nie hatten träumen lassen. Danny und Maggie verbrachten einen langen Abend mit aufgerissenen Augen über diesem Ding und konnten einfach nicht fassen, was es da alles gab: Verzögerungsspray, etwas namens »Klitoris im Glück«, Dildos, die den Pimmeln berühmter Pornostars nachgebildet sind, und dergleichen Unfug mehr. Wir gehen mal davon aus, daß Sie – falls Sie das Bedürfnis nach derlei Spielkram überkommen sollte – schon herausbekommen werden, wo Sie es herkriegen. Wenn das Zeug allerdings anfängt eine Hauptrolle in Ihrem Sexualleben zu spielen, sollten Sie einen Moment in sich gehen und überlegen, ob Sie auf dem richtigen Weg sind.

Ein Ring für das Ding

Das Spielzeug, das wir Ihnen jetzt näherbringen wollen, ist bei Frauen und Heteros so gut wie unbekannt: Der *Penisring*. Eine Freundin von Maggie hat mal in einem besseren Juwelierladen in Massachusetts gejobbt. Dort wurden die Dinger massenhaft verkauft; wenn sie als Geschenk gedacht waren, sogar mit eingraviertem Namen. Anläßlich unseres letzten Kontrollbesuchs bei Tiffany & Company haben wir im Schaufenster keinen entdecken können. Falls Sie also einen brauchen – versuchen Sie es lieber gleich im Sexshop Ihres Vertrauens.

Der Zweck dieser Dinger ist schnell erklärt: Sie sollen den *Hammer* länger hart halten. Manche Herrschaften gehen ohne ihren Penisring angeblich überhaupt nicht mehr aus dem Haus. Wenn Sie den Ihren mal schnell am Jungen vom Pizzabringdienst ausprobieren wollen, dann wundern Sie sich bitte nicht, falls er einen Schock bekommt, anfängt zu schwitzen wie ein Pferd oder ihm plötzlich einfällt, daß er noch diese Dose Fanta im Wagen hat, die er sofort zustellen muß.

Im besten Falle schämt er sich einfach, weil er nicht den leisesten Schimmer hat, was er mit diesem Ding anstellen soll. Der Ring eignet sich besser für Paare, die bereits eine Weile zusammen sind und etwas Erfahrung im Ausprobieren von Spielzeug mitbringen. Wenn das auf Sie zutrifft, steht der Premiere nichts mehr im Wege. Überreichen Sie das Geschenk schön verpackt, möglichst mit einer Schleife. Schauen Sie ihm aufmerksam zu, wenn er das Päckchen auspackt; an seiner Reaktion können Sie ungefähr ablesen, wie es weitergeht.

Ja, wie geht es denn weiter? Danny hat früher geglaubt, man schiebt sich das Ding über die Rute und fertig. So kann man sich irren! Trotzdem legt er Wert auf die Feststellung, daß es so auch geht. Den Rest hat er dann beim guten, alten Meister Tung-Hsuan nachgelesen, der sich mit den Dingern auch verdächtig gut auskannte. Es gibt heutzutage drei Arten von Ringen: Welche aus Gummi, welche aus Leder und solche aus Metall. Funktionieren tun sie alle gleich: Der Mann schiebt *alles*, also Schwanz *plus* Eier durch den Ring. Unnötig zu erwähnen, daß das am besten funktioniert, solange die Nudel noch schläft. So wie Frauen es vorziehen, ihr Diaphragma unbeobachtet einzuführen, da eine Menge Verrenkungen nötig sind, bis das Ding an der richtigen Stelle sitzt, legen Männer den Penisring lieber vorher und ohne Publikum an. Wenn er erst mal richtig sitzt, sind sie meistens ziemlich stolz auf sich, und stolzieren herum wie die Pfauen.

Manche Schwule laufen den ganzen Tag mit ihrem

Penisring herum. Sie mögen die permanente, leichte Stimulation, und außerdem wirkt das ganze Gemächt dadurch insgesamt größer, als es ist. Penisringe aus Metall sind in verschiedenen Größen lieferbar; ein Grund mehr, sie in einer bereits bestehenden Beziehung auszuprobieren. Es macht einfach keinen guten Eindruck auf Ihren Neuen, wenn Er Ihre Nachttischschublade aufmacht und ihm kullern Ringe in allen gängigen Konfektionsgrößen entgegen. Sie wissen ja aus Erfahrung, ob der *Ihre* small, large oder X-large braucht. Suchen Sie ihm im Laden das Passende aus. Auf keinen Fall sollte er zu eng sitzen, das kann ernste Schwierigkeiten bereiten. Die Lederringe sind mittels Schnüren oder Klett-Verschlüssen verstellbar.

Auch zu diesem Themenkreis ein Wort der Vorsicht: Wenn ihm der Verkehr mit Spielzeugen zu sehr gefällt und er vielleicht eines Tages mit einem Lederband nach Hause kommt, an dem kleine Metallgewichte befestigt sind, dann gleitet er gerade in die Sado/Maso-Szene ab, und Sie sollten sich in aller Ruhe überlegen, wie weit Sie ihn auf diesem Weg begleiten wollen.

Schöner Leben mit TV

Es überrascht uns immer wieder, daß die Damenwelt das *Video* irgendwie nicht auf dem Zettel hat – das am leichtesten zugängliche Mittel, um einen Mann scharfzumachen. Mag sein, daß Sie vielen anderen Hilfsmitteln kritisch gegenüberstehen, weil Sie einfach keine Lust haben, sie zu erwerben, oder grundsätzlich was gegen Spielzeug haben. Es gibt aber hier und heute absolut keinen Grund mehr, verlegen zu werden, wenn man sich ein paar verdammte Videos ausleiht. Schließlich hat jede Videothek eine Abteilung *Nur für Erwachsene.*

Eine unserer informellen, aber hochwissenschaftlichen Umfragen hat ergeben, daß Frauen lieber erotische Geschichten lesen, als anderen Leuten beim Rammeln zuzusehen. Männer schauen furchtbar gerne zu. Wie sonst könnten die unzähligen Pornokinos und Peepshows all die Jahre überleben? Von öffentlichen Subventionen bestimmt nicht. Eine Junggesellenparty gilt heutzutage schon als *deftig*, wenn gegen Ende einer noch nüchtern genug ist, um ein Video in den Recorder zu schieben. Das verführerischste an diesem ganzen Videozeug ist die Auswahl: Millionen und Abermillionen von Fickfantasien stehen aufgereiht im Laden an der Ecke. Sie suchen sich aus, worauf Sie Lust bekommen möchten, und – schwupps – sitzen Sie damit in den vertrauten eigenen vier Wänden.

Was setzen Sie *ihm* nun am besten vor? Wir empfehlen, nicht gleich mit Hard-Core anzufangen. Man kann auch jede Menge Spaß mit dem sogenannten *Sex-Kitsch* haben. *DEEP THROAT* ist so ein Klassiker, und für heutige Verhältnisse erscheint der Film geradezu brav. Es gibt alte Sexvideos, die Kultstatus genießen, weil man sich an den Polyesterhosenanzügen, hochtoupierten Frisuren und Lederpeitschen überhaupt nicht satt sehen kann. Oft sind alleine die Titel schon ein Mordsspaß: *PENIS IM PARADIES, DAS ERSTE ÖFFNEN JUNGER LIPPEN, DAS ERHOLUNGSHEIM DER BRÜNFTIGEN STEWARDESSEN, DOKTOR FICK SCHLÄGT WIEDER ZU* und so weiter und so fort. Wenn Sie nicht wissen, wo anfangen – schauen Sie einfach auf das Erscheinungsjahr. Fast alles, was in den Sechzigern oder frühen Siebzigern auf den Markt kam, ist traumhafter Kitsch. Sollten Sie Probleme damit haben, Ihre Beute erhobenen Hauptes auf den Tresen zu legen, murmeln Sie einfach irgendwas von einer Party mit Ihren Freundinnen. Niemand wird es wagen, Sie schief anzusehen.

Sie können natürlich auch zu etwas härteren Drogen greifen. Viele Männer werden scharf, wenn sie sehen, wie Frauen es mit Frauen treiben. Egal was Sie ihm vorsetzen: es kann immer passieren, daß er denkt, Sie benutzen das jeweilige Video, um ihm etwas durch die Blume zu sagen. Männer funktionieren in dieser Hinsicht recht einfach. Das ist eine Tatsache, die Sie sehr schön zu Ihrem Vorteil ausnutzen können. Zeigen Sie ihm das richtige Video – und er macht alles nach.

Okay, jetzt wollen Sie sicher noch wissen, *wann* Sie am besten mit der Vorführung beginnen. Wir hatten ja bereits darauf hingewiesen, daß Ihr Videorecorder sowie Ihr Fernseher an einem Ort stehen sollten, der vom Bett aus gut zu sehen ist. Ebenso muß eine Fernbedienung in Reichweite sein. Die Videos sollten in aufsteigender Reihenfolge nach Schärfe sortiert sein. Wenn Sie den Kerl, den Sie knacken wollen, schon länger kennen, rufen Sie ihn einfach an, ob er nicht Lust hat, sich ein paar Videos mit Ihnen anzusehen. Wenn er wissen will, *was* Sie haben, rattern Sie die Titel herunter. Danach braucht er möglicherweise eine kleine Denkpause. Keine Sorge! Er wird auf der Matte stehen, noch bevor Sie den Hörer richtig aufgelegt haben.

12.

Was genug ist, ist genug

Männer sind im großen und ganzen etwas abenteuerlustiger, wenn es darum geht, neues Sex-Zeugs auszuprobieren. Das kann daran liegen, daß sie Angst haben, als feige zu gelten, daß sie sich viele Videos angucken, oder auch daran, daß sie *tatsächlich* experimentierfreudiger sind, was den eigenen Körper angeht. Sie machen sich keine Vorstellung davon, wie viele Kerle sich schon mal den Hals verrenkt haben bei dem Versuch, sich selbst einen zu blasen. Wir wollen das hier nicht vertiefen.

Es wird immer wieder Situationen geben, in denen der liberalste und experimentierfreudigste Partner gebeten wird, sich an Praktiken zu beteiligen, die einfach nicht zu seiner Baustelle gehören. Deswegen geht es in diesem Kapitel um's *Kenn ich nicht!, Mag ich nicht!* und *Mach ich nicht!*

Bis hierher und nicht weiter!

Letztens erzählte uns Philip, ein sehr, sehr guter Freund, daß eine Menge Leute aus seinem Bekanntenkreis neuerdings auf die *Natursektdusche* schwören und daß er gerade eine genommen habe. Für alle, die im homosexuellen Slang nicht ganz so bewandert sind: Man pißt seinen Partner dabei an. Das konnten wir uns bei Philip allerdings ebensowenig vorstellen, wie ihn ohne Hose und mit einer Zierlilie im Arsch durch die Fußgängerzone schlendern zu sehen. Unser Forschergeist befahl uns, nicht lockerzulassen, und wir ließen uns erzählen, *wie* er denn nun auf diesen Bolzen gekommen ist.

Offensichtlich war es seine neueste Eroberung, ein Dressman, die ihn in der Hitze der ersten Erkundung dazu verführt hat, eine solche Dusche zu spendieren. Unser Freund sagte, sein Neuer sei ein unglaublich Süßer und es mache ihm einfach Spaß, diesen Süßen mit so »einfachen« Mitteln derart glücklich zu machen.

Aber wie kann man so etwas machen, ohne sich dabei kaputtzulachen? fragten wir. Und während Danny loskicherte, fragte Maggie besorgt, ob die beiden dafür wenigstens in die Badewanne gestiegen sind. Aber eins mußten wir dann doch zugeben: so *befremdlich* uns das alles vorkommen mag – so *harmlos* ist es bei genauerem Hinsehen.

Bestimmte Wünsche mit einem kategorischen *Nein* abzulehnen, ohne seine sexuelle Anziehungskraft auf den Partner zu verlieren, ist gewiß nicht einfach. Vielleicht ist das auch der Grund dafür, daß sich so viele Schwule in den Kontaktanzeigen entweder als Oben- oder Untentyp anpreisen. Wir hatten es bereits erwähnt: Wir halten nicht viel von dieser Selbstkategorisierung, aber wir halten viel davon, daß man sich eine persönliche Grenze setzt. Trotzdem sollten Sie jeden Sonderwunsch, den Ihr Partner vorbringt, so wohlwollend als möglich in Erwägung ziehen. Vielleicht auch nur für eine Millisekunde. Mit etwas Flexibilität geht alles besser. Und ganz egal, ob Sie ernsthaft etwas Neues ausprobieren, in Ruhe darüber nachdenken, oder einfach nur rausrennen wollen – wichtig ist, *wie* Sie ihm klarmachen, daß er das Faß zum Überlaufen gebracht hat.

Zuallererst einmal: welcher Art ist Ihre Beziehung? Es gibt Geliebte, für die man alles täte, und es gibt solche, die man nur erträgt, weil es Anrufbeantworter gibt. Wenn Ihr gestreßter Ehemann aus der Bank nach Hause kommt und nur entspannen kann, indem er Ihre privatesten Teile mit

Nutella einschmiert – was ist schon dabei? Es kommt niemand zu Schaden, im schlimmsten Falle verkalken die Heizstäbe Ihrer Waschmaschine etwas früher. Wenn ihm die Nummer so sehr gefällt, daß er außer Ihrem Nutella nichts mehr zu sich nimmt, sollte Ihr Herr Gatte allerdings ein wenig auf seinen Blutzuckerspiegel achten. Ähnlich verhält es sich mit dem musikbesessenen Jüngling, mit dem Sie ein Verhältnis haben; wenn er von Ihnen eine Schamhaarfrisur wie Mick Jaggers Profil verlangt – was soll's? Es gibt weit härtere Sachen, und die sollten Sie dann stutzig machen. Die Grenze zwischen Spaß und Ernst werden Sie – sollten Sie je in die Situation kommen – schon selbst erkennen. Am einfachsten ist das natürlich in einer Beziehung, die bereits einige Zeit besteht.

Manchmal müssen Sie diese Entscheidung allerdings in Sekundenbruchteilen treffen. Dannies Unfall mit dem Vampir von Lancaster hatten wir ja bereits erwähnt. Dieser Genießer hat Dannies Bitten, endlich mit der Beißerei aufzuhören, so gründlich und absichtlich überhört, daß Dannie ihn erst mit einem kräftigen Hieb auf die Zwölf stoppen konnte. Unsere Freundin Laurie, die in einer Boutique arbeitet, bekam mal von einem Kerl, den sie erst seit kurzem kannte, wortlos einen Rohrstock in die Hand gedrückt. Laurie hatte keinen Schimmer, was sie damit anfangen sollte. Erst als ER sich in einer bestimmten Position aufs Bett legte, gingen ihr die Augen auf: er spielte den ungezogenen Jungen und wollte verdroschen werden. Das rituelle Hinternversohlen hat unsere Freundin nicht gerade scharfgemacht, aber es war harmlos, und sie hatte eine Menge Gesprächstoff der Güteklasse A für die Kaffeepause in der Boutique am nächsten Tag.

Wenn Ihr langjähriger Partner plötzlich etwas vorschlägt, von dem Sie noch nie gehört haben, sich aber trauen, es mal auszuprobieren, sollten Sie versuchen, positiv an die Sache ranzugehen. Er versucht vielleicht einfach nur ein bißchen Leben in die Bude zu zaubern. Ein paar populäre Beispiele wären: Nuttenfummel tragen, Sex im Lift, im Schritt offene Unterwäsche, Schamhaarrasuren, Dirty Talking, Fesselungsspiele, Arsch versohlen, Arbeit mit dem Vibrator, Schweinereien mit Lebensmitteln, Gummiwäsche und vieles anderes mehr. So plemplem Ihnen all diese Dinge im ersten Moment erscheinen mögen, so absolut harmlos sind sie letztlich.

Das gilt im Prinzip für fast alle Rollenspiele. Laurie ist nicht die einzige Freundin, die uns gebeichtet hat, daß ihr Partner eines Tages mal so richtig nach Strich und Faden den Hintern versohlt bekommen wollte. Und die Geschichten von Freunden beiderlei Geschlechts, die plötzlich ihre Männer mit Schals oder Krawatten fesseln sollten, sind unzählig. Ein bißchen Phantasie tut dem Sexleben ganz gut; sie darf nur nicht die Klammer werden, die alles zusammenhält. Wenn *er* nur noch kann, nachdem er *Sie* mit einem Lasso eingefangen hat, oder *Sie* nur noch den Fisch spielen dürfen, den *er* mit seiner tollen Angelrute fängt, empfehlen wir Ihnen, die Beziehung zu überdenken.

Auch wenn das bei manchen »Spielvorschlägen« leichter gesagt als getan ist: Brechen Sie auf keinen Fall in schallendes Gelächter aus! Machen Sie es wie unser Freund Anthony: Stellen Sie sich vor, Sie wären Prinzessin Caroline bei einem Diplomatendinner. Soeben wurde Ihnen eine

Portion frittierte Ameisen serviert. Bleiben Sie gelassen, erinnern Sie sich an Ihre angeborene Toleranz für fremde Sitten und Gebräuche, und probieren Sie einfach. Sie müssen ja nicht gleich sagen: *Wow, die sind ja großartig! Ich kauf mir 'ne Tonne davon und eß das Zeug jetzt jeden Tag!* Wer weiß, vielleicht ist seine Idee ja gar nicht so schlecht, und der Appetit kommt beim Essen. Und wenn Sie für sich beschlossen haben, daß Sie definitiv kein Zander sein wollen, dann ist es doch nicht schwer zu lächeln und zu sagen: *Nein danke, das ist nicht meine Welt!* Ob Ihr Partner das als freundliche Absage oder tragische Abfuhr wertet, hängt wesentlich vom Ton ab, in dem Sie es sagen. Die Alternative wäre, ein anderes Spiel vorzuschlagen, das auch Spaß macht. Kaum ein Mann kann beispielsweise dem Angebot widerstehen, einen geblasen zu bekommen. Schon gar nicht, wenn *Sie* es machen, nachdem Sie dieses kluge Buch gelesen haben.

Ohne mich!

Wenn Ihr langjähriger Geliebter plötzlich mit einem wirklich abstrusen Vorschlag kommt, Sie mit heißem Wachs beträufeln will, den Golden Retriever in den Akt einbeziehen möchte oder irgendwelche Praktiken vorschlägt, in denen Eßbestecke eine Rolle spielen, dann haben Sie ein anderes Problem. *Das ist nicht meine Welt* könnte dann möglicherweise nicht mehr deutlich genug sein. *Das ist doch nicht dein Ernst!* paßt eventuell auch nicht, vielleicht ist es ja sein *voller Ernst. Nein ich möchte das nicht!* ist, zum Beispiel, eine Antwort, die keinen Zweifel daran läßt, daß er sich vergaloppiert hat. Sagen Sie es erst freundlich, aber unmißverständlich. Sollte er trotzdem weiterhin mit einem Fleischbesteck hinter Ihnen hersein, bleibt Ihnen leider nichts anderes übrig, als Ihrerseits die Kurve zu kratzen.

Auch in einer Beziehung, die schon Jahre gutgeht, kann es plötzlich passieren, daß Ihr Partner mit Sachen kommt, die Ihnen einfach nur den Magen umdrehen. Wenn Sie also keine Lust haben, mit seinem besten Freund zu schlafen oder mit einer anderen Frau, während ER Maulaffen feil hält, sagen Sie deutlich NEIN. Wenn er Sie dann konservativ schimpft oder Sie gar zu irgend etwas *zwingen* will, zeigen Sie ihm einfach, wo der Maurer das Loch gelassen hat.

Der Notausgang

Wo wir gerade beim Thema sind: Wenn *Sie* bei *ihm* sind, können Sie einfach gehen. Schwule haben stets mindestens das Taxigeld für die Heimfahrt in der Tasche – für den Fall, daß die Dinge sich anders entwickeln als geplant. Unser Freund John lag mal mit einem Kerl im Bett, als es plötzlich an der Balkontür klopfte. Ein beunruhigendes Geräusch, wenn man bedenkt, daß die Wohnung im dritten Stock lag; die Situation wurde noch beunruhigender, als John rausfand, daß es sich bei dem Klopfer um den wütenden Ex seines Geliebten handelte, der an der Hauswand hochgeklettert war. Der Verschmähte donnerte gegen die Tür und sonderte allerlei nicht druckbare Bösartigkeiten gegen John ab. Mit dem Taxigeld in der Tasche und einem großen Satz konnte John das Schlachtfeld in weniger als einer Minute räumen.

Ähnlich erging es Maggie, die mal die Einladung eines prominenten Architekten in sein Wochenendhaus annahm. Zum Glück war sie schlau genug gewesen, in ihrem eigenen Wagen anzureisen. Es lief alles nach Plan, bis er plötzlich seine Hände um ihren Nacken legte und anfing sie zu würgen. Maggie konnte sich befreien, er fand, sie sei irgendwie nicht ganz dicht, seine Ex-Frau hätte regelrecht auf diesen Griff gestanden. Während sie sich anzog, teilte Maggie ihm mit, daß sie eine etwas andere Vorstellung von Spaß zu zweit habe, und machte sich aus dem Staub.

Wenn der Mann in Ihrer Wohnung ist, sieht die Sache etwas anders aus. Eine leichtsinnige Freundin nahm eines Tages spontan einen Harvard-Absolventen mit heim. Sie kamen sich näher, und die Geschichte mit den würgenden Händen passierte – seltsamerweise – auch ihr. Der Kerl wollte nicht gehen, wurde stinkwütend, warf Aschenbecher durch die Gegend und zerdepperte einen Spiegel. Unsere Freundin behielt einen kühlen Kopf, nahm seine Klamotten, warf sie vor die Tür und sperrte sich selbst im Schlafzimmer ein, um die Polizei anzurufen. Zu seinem Glück war der Kerl verschwunden, bevor der Streifenwagen kam.

Der beste Rat, den wir Ihnen geben können, ist klare Verhältnisse zu schaffen, *bevor* eine kompromittierende Situation überhaupt entstehen kann. Ihr *NEIN!* sollte stets so entschlossen klingen, daß er es nicht als *VIELLEICHT …* interpretieren kann. Wenn auch das nichts nützt, donnern Sie ihm eine und zeigen ihm die Tür. Abgesehen davon haben Sie ja immer ein Glas mit Eiswasser zur Hand, mit dem Sie den geilen Bock im Notfall etwas herunterkühlen können.

Schnellschüsse

Vorzeitige Ejakulation dürfte für die eine oder andere Frau ein Problem sein, Schwule machen sich darüber nicht so viele Gedanken. Warum? Weil Schwule für ihr Leben gern ejakulieren, wen kümmert es da, ob es etwas früher oder später passiert? Was können wir *Ihnen* in diesem Fall empfehlen? Streichen Sie einfach die verpatzte, erste Runde aus Ihrem Gedächtnis, und läuten Sie die zweite, hoffentlich längere Runde ein.

Teufel Alkohol

Der Teufel hat den Schnaps gemacht. Und zuviel davon begünstigt Situationen, in denen alle Ihre Bemühungen, den dicken Willi hart zu machen, vergeblich sind. In dem Fall machen Sie erst mal ein Schläfchen. Am nächsten Morgen sehen die Welt und der Willi dann schon wieder ganz anders aus, und mit etwas Glück kriegt Ihr Kerl sogar mitten in der Nacht einen Überraschungsständer.

Der Geduldsfaden

Es gibt kaum etwas Langweiligeres (das gilt für Heterofrauen wie für Schwule) als darauf zu warten, daß der Kerl endlich seinen Orgasmus kriegt, wenn man seinen längst hatte. Vorsicht: Es gibt böse Buben, die den ihren künstlich hinauszögern! Die lassen Sie arbeiten und arbeiten und denken nicht daran, es endlich mal knallen zu lassen. Sollten Sie den Verdacht haben, an so einen Typen geraten zu sein, lassen Sie ihn spüren, daß Ihre Hände, Ihr Mund oder womit auch immer Sie ihn bearbeiten, auch mal müde werden. Wenn er sich dann immer noch nicht bemüht, zu einem erfolgreichen Abschluß zu kommen, schalten Sie – als Zeichen, daß die Vorstellung zu Ende ist – den Fernseher ein oder stecken sich eine Zigarette an.

Ja was nun?

Unsere Freundin Margie brachte eines Tages einen jungen, bildhübschen Kellner aus einem italienischen Restaurant mit nach Hause. Er zog sich ein Kondom über, sein Ding wurde wieder schlaff, er nahm das Kondom wieder ab. Margie verbarg ihre Enttäuschung – beim ersten Mal. Beim zweiten und dritten Mal fiel ihr das schon deutlich schwerer. Ein paar Stunden und eine Sechserpackung Kondome später beschloß sie, daß dieser Loser in ihrem Bett es nicht einmal wert ist, standesgemäß hinausgeworfen zu werden. Sie legte sich schlafen und verdonnerte ihn dazu, sie am nächsten Vormittag zu einem sauteuren Brunch einzuladen. So geht's doch auch!

Tote Hose

Manchmal ist einfach tote Hose. Wenn es das erste oder auch zweite Mal passiert, empfehlen wir, es einfach zu ignorieren. Abgesehen von Danny, der schwört, daß er das noch nie erlebt hat, kann es jedem Mann mal passieren. Trotz allem, was Sie von uns gelernt haben, können auch Sie mal in eine Situation kommen, wo es Ihnen nicht gelingt, den schlafenden Riesen zu wecken. Wenn das öfter vorkommt, beginnen Sie mit der Fehlersuche: An Ihnen *kann* es nicht liegen, also liegt es an *ihm*! Werfen Sie ihn raus und suchen sich einen Neuen.

13.

Wie Sie kriegen, was Sie wollen

Unsere Freundin Barbara erzählte uns letztens von einem absolut umwerfenden Typen, den sie in der New Yorker U-Bahn gesehen hat. Die beiden hatten äußerst vielversprechenden Blickkontakt vom Lower Broadway bis zur Upper Westside. Das Herz schlug ihr bis zum Hals – unsere kleine Barbara war hin und weg. An der sechsundneunzigsten Straße stieg er aus, Barbara mußte aber zur hundertzehnten Straße. Der Kerl war unwiederbringlich verschwunden. Pech für Barbara, mit ein bißchen Geschick hätte sie die Falle auch zuschnappen lassen können. Ein paar Tage später fragte sie unseren schwulen Freund Russell, was sie falsch gemacht habe. Russell sagte es ihr. Am wichtigsten: dranbleiben! Mit ihm aussteigen und hinterhergehen, gegebenenfalls bis zu seinem Haus. Wenn sich bis dahin immer noch kein Gespräch ergeben haben sollte – mit hineingehen, im Zweifelsfall so tun, als wolle man jemanden besuchen, der dort wohnt. Russell meinte, spätestens an dem Punkt müßte *irgendwas* passieren. Barbara sah das auch so, konnte sich aber nicht vorstellen, derart direkt vorzugehen. Schwule haben da weniger Probleme. Bei uns heißt es: Wenn du jemanden im Visier hast, bleib in Gottes Namen dran, bis du bekommen hast, was du willst, oder bis du beschlossen hast, daß du lieber doch nicht willst. Je nachdem.

Viele Heteros werfen den Schwulen vor, ewig auf der Pirsch zu sein und nie zur Ruhe zu kommen; andererseits bewundern sie die Kunstfertigkeit, mit der Schwule sich jederzeit nehmen, was sie brauchen. Diese Fähigkeit verdanken Homosexuelle einer Kombination aus Selbstbewußtsein, Glück, Timing und der Tatsache, daß die meisten Männer jederzeit können. Oder, um es mit den Worten unserer Freundin Anna zu sagen: *Frauen brauchen einen Grund, um Sex zu haben; für Männer genügt ein warmes Plätzchen.* Wahr oder nicht, fest steht, daß homosexuelle Männer über ein gewaltiges Arsenal an Taktiken und Strategien verfügen, um aus einer flüchtigen Begegnung eine heiße Nacht oder noch mehr zu machen. Hier das Wichtigste in Kürze.

Wir machen uns fein

Auch wenn es nur darum geht, mit ein paar Freunden einen Drink in der Bar um die Ecke zu nehmen: Es würde einem Homosexuellen nicht im Traum einfallen, das Haus zu verlassen, ohne sich vorher mit aller Sorgfalt hübsch zu machen. Schließlich weiß man nie, wen man trifft, und möchte auf alles vorbereitet sein. Deswegen sind eine Gesichtsmaske, eine Dusche, eine Rasur und eine Haarkur das mindeste. Das dürfte bei Ihnen nicht anders sein. Beim Homosexuellen kommt eben noch die Rasur des Gesichts und wahlweise ein paar anderer Stellen hinzu. Das könnte übrigens ein Grund dafür sein, daß wir Schwule als notorische Zuspätkommer bekannt sind, wenn es nicht gerade um einen Termin im Schönheitssalon geht. Wir wissen eben: Gut aussehen heißt sich noch besser fühlen, und wer sich jeden Tag ein bißchen besser fühlt, fängt irgendwann an zu leuchten.

Manchmal haben wir mehr Spaß am Schönmachen als beim Ausgehen. Zuerst machen wir eine Flasche Champagner auf oder mixen uns einen Cocktail. Dann kommt das Gesicht dran. In dieser Phase gucken wir gerne einen Film mit Bette Davis; Marilyn Monroe oder Lauren Bacall tun es allerdings auch. Danach geht es unter die Dusche. Haarewaschen, schrubben, hinterher kommen Rasur und Make-up. Make-up ist unter Schwulen eigentlich nicht so populär, aber ein Abdeckstift sollte immer zur Hand sein, sei es für einen Monsterpickel oder weil die Nacht davor wieder mal schwarze Augenringe hinterlassen hat. Zum Schluß kommen dann die Haare dran.

Unser Freund John macht das so: Gleich nach der Dusche setzt er erst mal für genau fünfzehn Minuten eine Baseballmütze auf. Dann massiert er mit den Händen – er würde nie im Leben einen Kamm verwenden – einen Conditioner ein. Der bleibt fünf Minuten drin. Als nächstes werden die Haare geföhnt, und zwar mit einem alten Bürstenfön aus den siebziger Jahren. Dann dreht er mit seinem Lockenstab – den er zärtlich Wanda nennt – noch ein paar schnelle Wellen in die Frisur und zum Schluß kommt großzügig Haarspray. Alle Kleidungsstücke, die man über den Kopf anzieht, hat er zu diesem Zeitpunkt selbstverständlich längst an, so daß nichts mehr das Kunstwerk zerstören kann. Einmal hat John uns gezwungen, die Beleuchtung des Clubs, in den wir abends gingen, so zu manipulieren, daß sein sagenhaft schimmerndes Haar besser zur Geltung kam.

Drunter und drüber

Homosexuelle brüten mit einem Engagement über ihrem Outfit, das andere höchstens den Bundesligatabellen zukommen lassen würden. Beim Aussuchen von Unterwäsche gehen sie wie selbstverständlich davon aus, daß sie demnächst *jemand* darin sehen wird, und so sollten Sie die Sache auch angehen. Danny liebt übrigens seine Boxershorts über alles, und Maggie nennt ein paar wunderbare preiselbeerfarbene Dessous ihr eigen. Sie werden selbst am besten wissen, was Ihnen steht ...

Seien Sie vorsichtig bei der Wahl Ihrer Oberbekleidung. Man kann durchaus sexy aussehen, ohne gleich an eine Anzeige aus dem »Hustler« zu erinnern. Betonen Sie einfach Ihre besten Eigenschaften. Danny, zum Beispiel, trägt gerne schwarze Stehkragen oder blaue Hemden, damit seine blauen Augen besser zur Geltung kommen. Maggie schwört auf kurze Röcke, damit man ihre schönen Beine besser sieht.

Egal wie kalt es draußen sein mag, Sie werden nie einen Homosexuellen in einem Mantel in die Disco gehen sehen. Falls es dort keine Garderobe gibt, bliebe ihm nichts anderes übrig, als ihn den ganzen Abend mit sich herumzuschleppen; wer möchte sich schon um seinen Kaschmirmantel Sorgen machen, während er auf der Tanzfläche herumhüpft – oder noch schlimmer: eine brandheiße Eroberung warten lassen, nur weil sich an der Garderobe eine Schlange gebildet hat? Wenn Sie Auto fahren: lassen Sie den Mantel einfach im Wagen. Andernfalls fahren Sie im Taxi hin, und hoffen Sie, daß sich jemand finden wird, der Sie in seiner Limousine nach Hause bringt.

Eine letzte Bemerkung zum Thema Outfit: Eine unserer Umfragen hat ergeben, daß große Handtaschen und Rucksäcke von allen Männern – unabhängig von ihrer sexuellen Orientierung – gehaßt werden. Vor allem in Bars und Kneipen stören die Dinger nur. Stecken Sie alles, was Sie brauchen, in die Taschen – egal ob in Ihre oder die eines Freundes –, oder benutzen Sie eine *kleine, unauffällige* Handtasche. Den großen Koffer können Sie immer noch packen, wenn er Sie auf ein Wochenende nach Acapulco einlädt.

Wir reißen uns was auf

Homosexuelle Männer sind sehr geübt im Aufreißen, sie lernen es nämlich sehr früh, quasi als Bestandteil ihres Coming-out. Eine Methode ist zum Beispiel das Aufreißen auf offener Straße, vergleichbar mit einer Radarfalle. Man geht die Straße runter, und ein Kerl fällt angenehm auf. Man überholt ihn kurz, läßt ihn dann wieder überholen, so haben beide die Gelegenheit, sich zu begutachten. Dann geht man weiter, zählt bis drei und dreht sich um. Wenn er interessiert ist, tut er das gleiche. Das kann sich drei-, viermal wiederholen; dann wird es allmählich spannend. Jetzt muß man entscheiden, ob einem die Verabredung zum Kaffee mit dem besten Freund vielleicht doch wichtiger ist – oder einfach auf ihn zugehen. Als Eröffnungsdialog nimmt Danny gerne: *Kennen wir uns nicht von Stephens letzter Party?*, obwohl natürlich beiden klar ist, daß sie sich nie zuvor gesehen haben. Manchmal verabredet man sich für später, manchmal wird nix draus, und manchmal ruft man sofort den besten Freund an und sagt den Kaffeeklatsch ab.

Nehmen wir mal an, Sie betreten eine Bar. Die ersten Sekunden sind die wichtigsten, da Sie in diesem Augenblick entscheiden müssen, wie Sie weiter vorgehen. Bevor Sie sich ins Getümmel stürzen, sollten Sie einen Moment innehalten und sich einen möglichst genauen Überblick verschaffen. Wo sind die Leute, die am meisten Spaß haben? Wo hocken die Langweiler? In welcher Ecke schimmelt der übliche Bar-Schrott vor sich hin? Als nächstes sollten Sie sich in die Ecke des Raumes vortasten, wo Sie die Fun-Fraktion lokalisiert haben. Sie werden sich nicht gleich in ein Gespräch einmischen wollen, aber es ist gut, wenigstens schon mal in der Nähe zu sein. Dort sollten Sie Ihren Standort unter den Gesichtspunkten *Sehen und Gesehenwerden* wählen.

Was das Design angeht, so eignen sich Schwulenbars zum Anbaggern und Aufreißen besser als alle anderen. Der *Durchmarsch* ist Dannies liebste Methode, auszuchecken, wie die Aktien stehen. Durchmarsch bedeutet nichts anderes als einen Rundgang durch die gesamte Kneipe. In homosexuellen Etablissements ist das in aller Regel als echter Rundgang möglich, ohne daß man irgendwo in einer Sackgasse steckenbleibt. Den Durchmarsch können Sie alleine oder mit einer Freundin unternehmen. Wenn Sie ihn zu zweit machen, vergessen Sie bitte nicht, ab und zu stehen zu bleiben, den Kopf in den Nacken zu legen und laut zu lachen. Auf diese Art und Weise kriegt auch der letzte mit, wie witzig Sie sind. Der Durchmarsch kann auch in Buchhandlungen, Fitneßstudios, auf Vernissagen und ähnlichem funktionieren.

Das Ziel ist anvisiert

Nehmen wir mal an, Sie entdecken beim Durchmarsch einen Kerl, den Sie unbedingt haben müssen. Den Anfang machen Sie wie üblich per Blickkontakt. Schauen Sie ihm kurz – fünf Sekunden sollten genügen – in die Augen, lächeln Sie ein wenig, und dann gucken Sie wieder woanders hin. Wenn Sie das nächste Mal in seine Richtung sehen, wird er – voilà – Ihren Blick bereits suchen. Wiederholen Sie den Vorgang so oft Sie mögen. In Schwulenbars kann diese Phase gelegentlich absurd lange dauern. Da Sie die Frau sind und er der Mann, stehen die Chancen gut, daß er den nächsten Schritt tut. Sie können ihm dabei etwas entgegenkommen, indem Sie in seiner Nähe rumstehen und versuchen, bei der vielbeschäftigten Bedienung einen Drink zu bestellen. Wenn er seine Zwetschgen beisammen hat, erkennt er die Chance und hilft Ihnen dabei. Das ist auch eine gute Gelegenheit, seine Klamotten, Schuhe und so weiter zu begutachten, schließlich soll er Ihren hohen Ansprüchen genügen.

Ist dies der Fall, laden Sie ihn zu einem Drink ein. Das kann man auf zwei Arten tun: entweder die Bedienung bitten, ihm ein Glas auf Ihre Rechnung zu bringen, oder den Drinks erst für sich bestellen und persönlich überbringen. Für den Fall, daß es ihm vor Überraschung die Sprache verschlägt, können Sie ja einen kleinen Spruch vorbereiten. *Hier, ich glaube, du kannst einen vertragen!* wäre eine Möglichkeit. Bedenken Sie aber, daß Sie ihm nur einen Drink spendiert haben. Wenn er ihn annimmt, verpflichtet ihn das nicht automatisch dazu, mit Ihnen zu schlafen. Und wenn er das Maul aufmacht und sich als sabbernder Vollidiot entpuppt, beenden Sie die Konversation so freundlich, wie Sie sie begonnen haben und geben Sie Fersengeld. Werden Sie bitte nie pampig in einer Kneipe. Der Kerl, dem Sie abends noch den Stinkefinger gezeigt haben, könnte Ihnen am nächsten Morgen beim Bewerbungsgespräch für den Job Ihres Lebens gegenübersitzen.

Wenn sich herausgestellt hat, daß Ihr Opfer gute Markenware ist, Sie keine inneren oder äußeren Mängel vermuten und einfach Lust auf ihn haben, werden Sie allmählich zum Abschluß kommen wollen. Das ist, wie in jedem Geschäft, der schwierigste Teil. Danny erinnert sich an unzählige Abschleppereien, die bei ihm in der Wohnung endeten, und zwar damit, daß erst mal bis zum Morgengrauen durchgequatscht wurde. Irgendwann sagte der jeweilige Kerl dann: *Es ist früh geworden, ich werd mal lieber gehen* ... Danny hat ihn zur Tür gebracht, und aus dem unschuldigen Abschiedskuß wurde dann die denkbar wüsteste Vögelei.

So wird es Ihnen möglicherweise auch manchmal ergehen. Wenn er Sie *nur nach Hause bringen* soll, ist der entscheidende Moment gekommen, wenn Sie beide vor Ihrer Wohnungstür stehen. Irgend jemand muß den ersten Schritt tun, warum also nicht Sie? Sie wissen schließlich selbst am besten, was Sie wollen. Wenn Sie also an der Tür beschließen, daß es *das* gewesen sein soll, sagen Sie: *Gute Nacht!* Und die Sache sollte erledigt sein.

Verführerische Gesten sind übrigens eine feine Sache, Sie sollten sparsam damit umgehen. Danny arbeitet am liebsten mit einer gut austarierten Kombination aus Starren, Köpfchen in den Nacken werfen und Kichern. Andere Kerle schwören auf den Zeigefinger, der auf der Unterlippe hin und her fährt, und es gibt Frauen, die die gleiche Geste am Dekolleté ausführen. Aber nicht vergessen: In der Beschränkung liegt die Kunst.

Wenn Ihr Opfer sagt: *Ich suche auf keinen Fall eine feste Beziehung – möchte mich nur ein bißchen amüsieren ...*, können Sie, zum Beispiel, antworten: *Genau wie ich!* Das mag im ersten Moment idiotisch klingen, hilft *ihm* aber ungemein beim Sondieren des Terrains. Unserem Freund Fred hat diese Methode schon zwei Langzeitbeziehungen eingebracht, von unzähligen heißen One-Night-Stands ganz zu schweigen. Sollten Sie gar nicht weiterkommen, erinnern Sie sich einfach an unsere Kardinalregel *Greifen Sie zu!*

Durch die Blume …

Es gibt Schweine unter den Männern. Wir meinen die, die sich nicht den kleinsten Gedanken darüber machen, was *Sie* möchten. Als Schwuler haben Sie den Vorteil, ihrem Partner genau das zukommen lassen zu können, was er auch mit Ihnen machen soll. Diese Methode erscheint uns immer noch die beste. Manchmal, wenn Sie schon einige Zeit verheiratet sind, zum Beispiel, oder anderweitig die Routine Einzug in Ihren Sexalltag gehalten hat, müssen Sie etwas deutlicher zum Ausdruck bringen, *was* Sie wollen.

Wenn Sie etwas von ihm möchten, das er in der Vergangenheit schon mal mit Ihnen gemacht hat, sagen Sie einfach: »Gott, war das schön damals, als du …«

Wenn Sie eine neue Stellung mit ihm ausprobieren wollen, tun Sie es einfach. Wollen Sie ihm eine ganz neue Technik nahebringen, sagen Sie vielleicht, Sie hätten letzte Nacht einen unglaublichen feuchten Traum gehabt, und beschreiben Sie, was Sie meinen. Denken Sie bitte keine Sekunde darüber nach, ob er Sie deswegen für eine Schlampe halten könnte. Männer treiben es für ihr Leben gern, und er wird die Tatsache, daß Sie etwas Besonderes mit *ihm* treiben wollen, zu schätzen wissen.

Angenehme Unterhaltung

Es gibt Menschen, die beim Sex gerne reden, und es gibt welche, die das nicht ausstehen können. Wir beide gehören zur zweiten Kategorie. Schwule machen sich gerne über die saublöden Dialoge der Pornofilme lustig. Aber es gibt Leute, Männer hauptsächlich, die erst durchs Quasseln beim Pimpern richtig in Fahrt kommen. Wenn Sie das Gefühl haben, Sie müßten etwas sagen – siehe Kapitel 9. Fassen Sie sich kurz, halten Sie keinen Vortrag. Schwieriger ist es, ihn dazu zu bringen, den Mund zu halten, weil Sie in Ihrer Phantasie längst mit Tom Cruise schlafen. Dann sollten Sie versuchen ihn zu küssen, und wenn das nicht funktioniert, legen Sie ihm Ihre Hand auf den Mund und sagen: »Pssst, ich will dein Keuchen hören…« Setzen Sie aber vorher ein möglichst ehrliches Gesicht auf.

14.

Lieber Dan…

Lieber Dan: Gibt es die sprichwörtlichen »dicken Eier« eigentlich wirklich? Und wenn ja – wie fühlen sie sich an?

Dick Dickerson, New Orleans, Louisiana

Lieber Dick: Ich hatte noch nie welche, aber mein Freund Philip behauptet, er wäre mal beinahe daran gestorben. Er wollte nach langer Abstinenz einen bestimmten Lover wieder treffen, und auf der Fahrt dorthin kam er in einen Stau. Es dauerte Stunden, und er wurde so scharf, daß seine Eier dick anschwollen und hypersensibel wurden.

Als er endlich ankam, war an Sex überhaupt nicht mehr zu denken.

Lieber Dan: Die Frage klingt etwas seltsam, aber mein Freund hat einen sehr großen Schwanz; er paßt zwar ohne Probleme in meine Vagina, aber nicht in meinen Mund. Was kann ich tun?

Trixie Klein, Big Sur, Kalifornien

Liebe Trixie: Das Problem ist gar nicht so selten! Nimm einfach nur soviel davon in den Mund, wie reinpaßt.

Lieber Dan: Ich stehe auf Sex am Morgen, aber mein Mann hat in der Frühe immer so einen schlechten Atem. Wäre es schlechte Etikette, ihm ein Mundwasser zu empfehlen?

Rita Atemlos, Boca Raton, Florida

Liebe Rita: Gute Etikette wäre, wenn Sie ein Mundspray unter Ihrer Matratze versteckten. Sagen Sie einfach »Mund auf – Augen zu!« und verpassen Sie ihm eine Ladung.

Lieber Dan: Ich habe seit längerer Zeit einen festen Freund. Wir gehen zusammen auf Parties, wir verbringen fast jeden Abend zusammen, wir schauen uns Videos an, ich liege mit dem Kopf auf seinem Schoß und esse Popcorn – aber es passiert nie etwas Sexuelles! Haben Sie einen Tip?

Moni Platoni, Potomac, Maryland

Liebe Moni: Greifen Sie zu!

Lieber Dan: Früher konnte man ja immer an den Spermaflecken erkennen, ob ein Mann einen Orgasmus hatte oder nicht. Seit die Männer alle Kondome benutzen, bin ich mir nicht mehr sicher. Kann man das irgendwie anders »testen«?

Linda Zweifel, Dallas, Texas

Liebe Linda: Es ist eine Schande, wie viele Orgasmen heutzutage vorgetäuscht werden! Kürzlich habe ich von einem besonders perfiden Hetero gelesen, der den ersten immer vortäuscht, damit seinen Freundin denkt, er könne zweimal. Sie können also nie sicher sein. Auch wenn er danach einschläft: entweder er hatte einen, oder er war schon zu müde, um einen zu bekommen…

Lieber Dan: Ich kann multiple Orgasmen bekommen. Mein Partner bewegt sich nach dem ersten einfach noch ein bißchen weiter, dann kommt es mir gleich noch mal. Wie lange dauert es bei einem normalen Mann, bis er das zweite Mal kann?

Lucy Ungeduld, Grand Rapids, Michigan

Liebe Lucy: Wenn Ihr Liebhaber ein Teenager ist: 0 bis 5 Minuten; 5 bis 10 Minuten, wenn er in den Zwanzigern ist, und 10 bis 20, wenn er auf die Vierzig zugeht. Liegt sein Alter darüber, können Sie in der Wartezeit eine Dusche nehmen, Ihre Haare waschen und sie in aller Ruhe trocknen lassen. Sie werden den Fön nicht brauchen.